日本一の温泉をつくろう!

竜王ラドン温泉
早川善輝

難病が治る
奇跡の温泉ができるまで

扶桑社

はじめに

日本は、どこに行っても温泉のある国です。

そして、その日本に住む私たち日本人ほど温泉が好きな民族はいないのではないでしょうか？　奈良時代には湯治の習慣がすでにあったといいますから、もはや日本人の温泉好きは筋金入りです。

もちろん戦後もこの温泉ブームは続きました。古くから日本各地にあった「温泉街」は、昭和に入るとその規模を飛躍させます。大勢の旅行客が温泉街を訪れ、旅館も立派なビルに建て替えられました。

その後、「露天風呂」ブームなどが起き、昭和50年代になって、日本中に「ラドン温泉」の一大ブームが起こりました。このときは大きな街には大抵、ラドン温泉が数軒ずつオープンしたほどでした。あまりにブームが大きすぎて、詐欺的な商品が後を絶たないほどでした。

その後も「健康ランド」ブーム、現在流行している「サウナ」ブームなど、形や目先を変えながら温泉ブームは一向に衰える気配がありません。

申し遅れました。私は山梨県甲斐市で「竜王ラドン温泉」を営む早川善輝と申します。

いま紹介したラドン温泉が大ブームになった昭和52年に、この竜王ラドン温泉を創業し、令和の今でもラドン温泉を提供しています。

ところで、この本を手にしてくださったあなたは、「難病が治る」と言われている温泉をいくつご存じでしょうか？　そして、なぜそれらの温泉でつらい症状が改善されるのかを知っていますか。

日本には「難病に効く」と言われる有名な温泉がいくつも存在します。

私はこれまで、半世紀にわたって温泉一筋に人生をかけてきました。いまでも日本で一番の温泉施設を作ろうと研究を続けています。

成分や効能が百種百様とされる温泉のなかで、「優れた温泉」とはどういったものなのでしょう。

この質問をされたあなたの脳裏にはきっと「健康」をテーマとする言葉がぼんやりと浮かんでいるはずです。その通り、「温泉と健康」は切り離せない関係にあります。そのなかで私の考える優れた温泉施設は明確です。

それは、「より短い期間の湯治によりお客様の身体から病を消し去る温泉」です。

私が温泉と出会ったのは、まだ山梨県内の高校に通っていた10代の頃でした。早逝した母からバトンを渡される形で家業を手伝うようになり、それが契機となり、私は温泉の仕事に出会ったのです。生まれた時から家の仕事場で育てられた私は、身近だった家業に参加することにまったく抵抗はありませんでした。

戦地から復員してきた父が最初に興した事業は材木商でした。当時、山梨と東京を拠点に商売をしていた父は、どうして思いついたのか温泉を利用した錦鯉の養殖に関心を持ち、すぐに山梨県内で温泉の源泉を掘り当てました。きっと錦鯉でひと山当てようと考えたのでしょう。

その話を聞いた私は、父に「錦鯉を飼うのではなく子供たちが遊べる温水プールを作ってはどうか?」と提案しました。商売のイロハも知らぬ高校生が力説するこの破天荒なアイデアを父はすぐに受け入れ、現在、当館が建つ場所に錦鯉ではなく人が泳ぐ温水プールを誕生させたのです。

父がそれまで携わっていた材木を扱う商売では、材木を使って建てられた家に住まうお客様の顔を見る機会がありませんでした。今思えば、父は温水プールというアイデアの向こう側に「お客様の顔を直接見ながらできる商売」に魅力を感じたのかもしれません。

その後、東京都内の大学に進学した私は、学業との二足の草鞋を履いたまま、いよいよ温水プールの仕事にのめり込みます。実際のところは大学の勉強より温水プールの仕事にばかり熱心な学生だったかも知れません。

家業であった材木商を兄たちが継ぎ、末っ子の私は大学卒業後も一般企業には就職せず、父と二人三脚で莫大な資本投下をもってラドン温泉へと事業を発展させました。

ついに私にとっては温泉こそが唯一の仕事であり家業となりました。父が他界した後は私がそのすべてを引き継ぎ、高校時代にスタートした温泉一筋の人生がいまも続いています。

しかし、どんな事業も穏やかな時だけではありません。私の温泉人生でもこれまでにいろいろな出来事がありました。生前の父が進めていた温泉付き老人ホームの計画と中断、世の中が沸いたラドン温泉や健康ランドのブームと衰退、時代が平成に入ってからは東日本大震災が、令和になるとコロナ禍による壊滅的なお客様離れなど、まさに山あり谷ありの半世紀でした。

温泉やホテル事業に限らず、商売で肝心なことはお得意様を作ることです。温泉事業でもリピーターの確保は最重要課題でした。長い私の温泉人生でも、いかにして新規顧客を獲得し、それをリピーターに繋げるかを考える経営でした。

ところが、かつてないほど経営を苦しめた新型コロナが、経営者である私に

「竜王ラドン温泉が持つ本当の価値」を見直すきっかけを与えてくれました。同じような事業をしていた施設が次々と閉鎖に追い込まれる中にあって、当館が生き残れた理由もそこにありました。

私は苦境の中で、生き残るには「原点回帰」が必要だと強く感じました。世界を震撼させたコロナ禍はまさに、父と温泉事業を始めたあの頃に、原点に戻れと私に教えてくれたのでした。

原点を見つめ直したとき、当館の強みは「病気を治すラドンの力」だとようやく気が付きました。なぜなら、この温泉に湯治に来たお客様から難病が治ったという声が次々に届いていたからです。

この本を手にしてくださった方の中には「どうして竜王ラドン温泉で難病が治るの？」と不思議に思われる方も多いでしょう。しかし、その理由は明確なのです。竜王ラドン温泉にあるラドン発生器の能力は国内では群を抜いた規模

竜王ラドン温泉の外観

であり、世界を見渡しても比較できる設備は限られています。
昔から湯治によって病気が治ることはよく知られていますが、温泉で病気が治る説明には諸説あるものの、自然発生しているラドンによる強力な電離作用にあると考えられています。

当館のフロント前に設置している6台ものラドン発生器は、大量の高濃度ラドン（気体）を安定的に作り出します。実はこれは自然界にある温泉では不可能なのです。

日本のある温泉ではそれまで自然に発生していたラドンがいまや枯渇寸前です。別の温泉ではラドンの発生量が日によって大きく変動してしまうことが測定の結果判明しています。

一方、当館では大量のラドン発生器を用いて人工的に生成させた高濃度のラドンを温泉室内に安定して充満させることで、入浴した方が短時間で効果的にラドンを吸入できる仕組みを作り上げています。このため、当館ではお客様に対して、1回の入浴時間を10分に制限してくださるようにお願いしているほどです。

そして、このラドンの潤沢な量こそが湯治にいらしたお客様が次々と難病から回復された真の理由なのです。

私が父と始めたラドン温泉事業はいま、息子との二人三脚にバトンタッチされています。彼が家業に参画するきっかけが数年前の妻の死去だったことは、思えば私とよく似ているかもしれません。

2025年1月吉日

竜王ラドン温泉
株式会社湯ーとぴあ　代表取締役
早川善輝

目次

第5章　日本人と温泉の歩み

第6章　温泉が身体に良い理由

第7章　なぜ竜王ラドン温泉で次々に難病が治るのか？

第1章

奇跡の温泉を目指して

「日本で一番病気が治る温泉」を目指して！

いきなりで恐縮ですが、竜王ラドン温泉は、「日本で一番病気の治る温泉」を目指しています。

もちろん当館は病院や医療施設ではありませんから、「病気が治ります」と言いきることはできません。入浴にいらしたお客様からいただくのも入浴料であって治療費ではありません。そして、当館には医師も看護師もいません。

それでも、全国に2万軒以上ある温泉施設の中から、毎年のように「健康に良い温泉」として上位にランキングさせていただいているのは、実際に当館のお風呂に入浴された多くのお客様の「病気の治療に役立ったと思っていただいている」証しだと考えています。

お客様からいただいた言葉を読んでいただくと、どんな病気が治ったとご評価いただいているのか、深くご理解いただけると思います。詳しくは第2章をお読みください。

実は、当館を「病気が治る温泉」として、多くの方に知っていただく取り組みをはじめたのはここ数年のことなのです。

それまでは、日本中にたくさんある他の温泉施設と同じように、サウナがブームになればサウナが楽しめる施設を、健康ランドが流行りはじめれば健康ランドとして子供たちが楽しめる施設を増築するなど、とにかくできるだけたくさんのお客様にいらしていただけるような取り組みばかりしていました。

しかしある日、「当館にしかできない強みは何だろう?」と考えました。その結果、当館にしかない強みは「ラドンの力」だと気づいたのです。当館には、世界中どこを探しても見つけられないほどの強力なラドン発生装置があるのです。

実は、この装置自体は昭和54年に当館の営業をはじめた当初からありました。当時は日本中がラドン温泉ブームだったこともあり、この装置が当館にしかない強みだとはずっと気づいていませんでした。

しかし、このラドン発生装置から生じるラドン(ラドンは気体の状態です)を吸って病気を治された多くのお客様から、開館以来ずっと感謝の言葉をいただいていました。

お客様から感謝されることはありがたいことなのに、いつの間にかそれが当たり前になってしまい、当館の強みであることにさえ気づかなくなっていたのです。いま思えば恥ずかしいことですし、慢心だと言われても反論できません。

そんなお客様からの「ありがとう」の言葉に勇気をもらい、当館は大きく舵を切ったのです。舵を切った先にあったのが、「日本で一番病気が治る温泉を目指す」ことでした。

同時に、「できるだけたくさんのお客様にいらしていただく」という発想から「病気に困っている方に、まずは当館の存在を知ってもらい、当館に足を運んでいただく」という発想に切り替え、館内の施設もサービス内容も見直しました。当館の改善やサービスの見直しは今後も続けて参ります。

ラドン温泉の効果

ここで少しだけ「ラドン温泉」について説明させていただきます。
ラドン温泉にどれほどの効果があるのかは、実際にラドン温泉を利用した人なら少なからずご存じと思います。本物のラドン温泉に入浴すると、途端にラドンの効果でものすごい汗をかくからです。

ラドンが病気の治療に効くのであれば、それは薬に効能があるのと同じように「量」や「質」に何らかの基準があるはずです。当館の温泉施設は、しっかりラドンの効果が得られるとされる『２０００ベクレル×５分間』を基準に設計しています。

これを元に、当館ではお客様には「１回あたり10分間」を日安に入浴していただいています。これはラドン発生器からラドン室へ送り込まれたときのラドン濃度が約１０００ベクレル（発生時は約１２００ベクレル）であるからなのです。

ラドン開発事業団の調査によると、現在、湯治客が実際にラドンを吸収する場所＝浴槽上で療養泉と認められるだけのラドン濃度（温泉法では１１１ベクレル以上）を測定できるのは、この広い日本の中でも増富温泉（山梨県）と当館・竜王ラドン温泉の２か所だけなのです。つまり、この２か所以外の温泉は、療養泉（放射能泉）としての基準をクリアしていないのが実態です。

ラドンをしっかり身体に取り入れたい場合、その発汗作用の速さと持続性から、「湯船でのんびり長風呂を楽しむ」といった入り方ができません。

ラドン効果による発汗はα線の作用で身体の内部から起こりますから、すぐに発汗が始まります。α線による発汗作用は、サウナのように室外へ出れば止まるものではありません。温泉につかって外部から身体を温めることと、ラドン効果により内部から身体が温められる仕組みは全く異なるのです。

よく「温泉に入ると身体が温まった状態が長続きする」と言われるのは、温泉に混ざっている重金属やミネラルによる効果よりも、わずかに含まれているラドンの効果によるものが大きいと私は考えています。身体は外から温めるよりも内部（身体の芯）から温める方が良いことはイメージとして理解できるのではないでしょうか。

「本当にラドンが発生している」か、どうすれば確かめられる?

もし、「ゆっくり1時間ほど入浴してください」とか、「このカプセルには1回あたり30分入ってください」などと案内しているラドン施設があったとしたら、そこは当館ほど十分なラドンが発生していないと考えて間違いないでしょう。

実際に私が体験した施設でも、いつまで経っても発汗作用の確認ができない施設がいくつもありました。ラドン効果を売り文句に掲げていても「発汗しない」ということはラドンが身体に入っていないことの証拠なのです。指定された時間が経過しても大量の発汗がなければ、その施設には効果を得られるほどのラドンがない、あるいは発生していても利用されていないと結論せざるを得ません。これは科学的に考えて根拠のある結論ですから、そのような施設を利用してもラドン効果を得ることはできません。

これまでにも書きましたが、当館のラドン発生能力は日本一のレベルです。これは病気に効くだけのラドンの発生量を計算して導入した結果、そうなっているだけのことです。大量のラドンを発生させることにより、ラドン効果を最大限に発揮させているのが「竜王ラドン温泉」なのです。

ラドン温泉ならどこでも同じ効果を得られるなんてことは絶対にありません。放射能泉として認定されている天然温泉でもすべてに効果があるとは言えません。用量が少なければ薬の効き目が弱いことと同じように、十分なラドンが発生していないラドン温泉にラドン効果を期待してはダメなのです。

第2章

「本当に来てよかった！」の声が聞きたくて

「百聞は一見に如かず」と言います。この章では、ラドン効果を体感された5人のお客様の声をご紹介します。

いずれも辛く長い期間を難病や後遺症に苦しまれていたところ、藁にもすがるような思いで当館を訪れてくださったお客様です。中にはお医者様から見放された方もいらっしゃいます。病を寛解させた当事者が語る言葉からラドンの持つ素晴らしい効果を感じ取っていただけると幸いです。なお、お客様の個人の感想である旨、ご承知ください。

お客様の声1

心臓弁膜症の夫、乳がんの私が執念のラドン療法で健康復活

山梨県南アルプス市にお住まいの女性

心臓弁膜症の夫がみるみる元気に

私の主人は、心臓弁膜症と医者に言われていました。

病院の治療では、症状の悪化は見られても、良くなる気配は少しもありませんでした。

それでも私たちはあきらめず、多くの人が難病を治したと聞いていた「ラドン温泉」を試してみることにしたのです。

ちょうど具合のよいことに、近くに竜王ラドン温泉という施設があったので、固く効果を信じて一週間に一度、時には一日おきに通いました。

すると、「信ずる者は救われる」ということが本当に起こったのです。

日一日、主人の体調がよくなっていくのが嬉しくて、欠かさず通い続けました。

それから数か月後には主人の病気も治り、100アールの果実園で元気に働けるほどになったのです。

しかし、そんな喜びも束の間、今度は私が乳がんになってしまったのです。

不治の病を宣告された私。でも、あきらめず……

がん……といえば、不治の病として知られる病気です。

でも、私はあきらめませんでした。主人の難病をあれほど早く完治させたラドン温泉に再び希望をかけました。

それを健康相談のお医者様に話すと、

「がんの初期は切らなくても治ります。血液が清浄されて循環がよくなると、どんな病気でも治るのです。がんだって例外じゃありません」

と教えてくださいました。

私はその言葉にさらに勇気づけられ、主人と一緒に、せっせとラドン温泉へと通い続けたのでした。

ふと気がつくと、乳のしこりは気づかぬうちに取れていました。

まったく奇跡のような話です。

こうして今、私たち夫婦が健康で若々しく働いていられるのも、ラドン温泉のおかげです。

治療よりも予防が大切

自分の体験から言わせてもらえれば、どこか悪くなって治療でラドン温泉に通うよりも、予防のために利用したほうが効果的と思われます。

特に、私どものような農村の人々は、農薬の中で毎日作業しているので、体内に入った毒素を取るのにラドンの効果は最適です。ぜひ試してみられると良いと思います。

私はこれからも、健康で長生きできるよう、主人とラドン温泉に通い続けたいと思っています。

お客様の声2

自分でもビックリ！　3か月足らずで神経痛と糖尿病が完治

群馬県邑楽郡にお住まいの男性

■軽く考えていた神経痛が悪化。あげくのはては尿に糖が……

私が神経痛に悩まされはじめた当初、「放っておけば今に治るだろう」と軽く考えていたのですが、とんでもありませんでした。

痛みは増してくるし、痛む時間は長くなるし……。そのうち四六時中痛むようになってしまったのです。そこでようやく病院に行く決心をしました。

精密検査の結果、尿に糖が出ていることがわかりました。

自分には関係ないものと思っていた成人病が、突然身にふりかかってきました。

それからしばらく病院に通って治療を続けたのですが、病状は悪化するばかり。天候の悪い日などは、神経痛に悩まされました。

そんな毎日でしたが、数か月が過ぎたその年の瀬、長く病気を患っていた友人が、最近、身体の調子がみるみるよくなったというのです。

あれほど苦しんでいたのになぜ？　そう思って詳しく話を聞いてみると、

「数か月前からラドン温泉に通っている」

と言うのです。

私もさっそく行ってみることにしました。

半信半疑で気長に構えていたのに、抜群のラドン効果にびっくり！

通いはじめて一、二日目は、半信半疑の気持ちもあり、「調子がよいといえばそんな気もする」程度のものでした。

しかし、一週間目になると、自分でも痛みがだいぶ薄れてきたことが自覚できるくらい効果が現れてきたのです。

そのまま毎日続けて行きたかったのですが、家で商売をしているためそうもいかず、一日おきに通いました。

「まあ、ゆっくり治していこう」

と気長に構えていたのです。それでも驚くべきことに、3か月もたたないうちに、神経痛はほとんど消えてしまいました。病院に行って検査をしてもらうと、糖尿病のほうもすっかりよくなっていました。

ころばぬ先のラドン温泉！

こうして思いがけず早く健康をとりもどした私は、喜びと嬉しさのあまり、周りの多くの人にこのすばらしいラドン効果について話しました。皆、はじめは疑いの気持ちを隠せないようですが、実際に自分で行ってみた人は誰もがそのすごい効果に驚いてくれました。

特に身体に病気がない人でも、ころばぬ先の杖ではありませんが、日頃の健康管理のためにと勧めています。

病気はなってみて初めてその苦しみがわかるもの。健康を蘇らせてくれたラドン温泉に感謝の気持ちでいっぱいです。

お客様の声3

6年前にかかった脳梗塞・軟化症がわずか1か月で治った

埼玉県羽生市にお住まいの男性

奇跡の回復！「治そう」という強い意志もあって……

私は脳梗塞と軟化症に冒されて以来、6年という長い期間、専門医の治療を受けていました。それでもこれといった効果がないため、いよいよ薬物治療はあきらめて長野県の丸子町のかけ湯温泉で1か月ほど療養することにしました。

しかし、それでも一向に良くならず、人生をなかば捨てていました。

思いおこせば30数年前。私は旧徴兵検査で甲種合格し、陸軍看護兵となり、陸軍病院で6か月の教習のあと、軍医の助手を9年間も務めたものです。

「多少なりとも医療の心得をもつ自分が、自分の症状を克服できずにいる。これは情けないことだ……」

自分の不甲斐なさにうちひしがれた毎日を送っていました。

それから間もなくのことでした。ラドン温泉がオープンしたという話を人づてに聞いたのです。

半分、ダメ元の気持ちもありましたが、どうしても治したいという一心で通いはじめました。

すると、これまでの6年間の悩みがまるでウソのよう！　夢でも見ているようにどんどん治っていくではありませんか！　それもたったの1か月ほどで全快といっていいほど回復したのです。

自分でも半分くらい信じられず、もしかしたらこの回復は一時的なものではないか……と疑ったりもしました。それでも温泉に来ている他の入浴者に話を聞くと、私と同じように、1か月ほどで何年間も患っていた病気がよくなったという人がいたのです。しかも一人ではなく何人も！　なのです。これには本当に驚きました。

しかし、ラドンのすばらしい成分を聞けば、この効果はあたり前のことと言えましょう。

それともうひとつ、精神的作用も大きいと思います。

ラドン温泉に来る人は、「藁にもすがる思いで」という人が多いようです。お医者さんをはじめ、多くの医療関係者に見捨てられた人たちが、どうしても治したいという一心でやって来ているのです。

「病は気から」とよく言います。きっと皆さんも「絶対に治そう」と強い気持ちでラドン温泉に入ると効果も倍増するように思います。

お客様の声4

医者も見放したヘルニアをラドン療法で克服

埼玉県熊谷市にお住まいの男性

荷物の搬入中に腰をひねりヘルニアに……

4年前、荷物の搬入中に足を滑らせ、そのときに腰をひねってしまい、その夜から足が痺れ、痙攣《けいれん》まで起きるようになってしまったのです。

マッサージや指圧の治療を受けましたが、少しも効果がありませんでした。お灸も試してみたのですが、どれもダメでした。

あまりに痺れがひどいので、整形外科で精密検査を受けることにしました。

結果は、第三・第四・第五腰椎椎間板ヘルニアでした。

私は、医学方面に豊富な知識をもっているわけではありませんが、この病気は完治がむずかしいということは知っていました。

しかし、この頃は「もしかしたら治るかもしれない、いや、きっと……」と、まだまだ希望をもっていたのです。

「人間やめるとよくなる」と医者に言われて毎日憂うつに……

ある日、病院から帰ってきて、テレビをつけると、偶然にも腰痛によく効く治療法を実演していました。

そこでさっそくその施術法をメモにして通院してみることにしました。

たしかに二〜三回目の頃から、その治療を受ける前と後では、駅のホームを上り下りするときなどの感じが全く違い、さらに治療を続けることにしました。

しかし、普通の生活や、治療を受けた直後は調子がよいのですが、少しでも過激な仕事や運動をすると、元の痺れや痙攣が起こってしまうのです。

そのことをかかりつけのお医者さんに相談すると、

「骨が老化しているので、人間やめるとよくなるよ」

と言われてしまったのです。

そのときは、身体の具合も悪く精神的にも疲労していただけに、頼りにしていたお医者さんのつぶやいた冷たい言葉があまりにショックでした。人生に幻滅を感じ、それからは毎日が憂うつでした。それでも、

「何とかしたい」

と祈るような気持ちもありました。

ところがある日、人に勧められて出かけたラドン温泉で信じられないことが起きたのです。「出かけた」と書きましたが、当時はもう一人で歩ける状態で

はなく、「連れていってもらった」というのが正確な有様でした。入浴するときも、両側から他の人に身体を支えてもらって入浴したのです。

それから1か月間、多くの人のお世話になりながら通い続けたところ、杖なし、支えなしで、自分一人で入浴できるようになりました。

自分自身でもこの回復のすごさに驚き、信じられないくらいでした。

4か月経ったころには、すっかり歩くことも楽になっていました。

2年前からは血圧も平常になり、薬も止めて、食事療法とラドン治療だけにしました。それ以降は異常もなく、平常血圧を保っています。

かつて大ブームの時代があったラドン温泉ですが、今では覚えている人も少なく、忘れられた存在かもしれませんが、これから先、奇跡とも思われる体験が発表されて、ふたたび注目を浴びると確信しています。

お客様の声5

カッケと神経痛が治り、成人病の恐怖からも解放された

埼玉県深谷市にお住まいの女性

快食・快眠・快便で健康な毎日に

私は長い間、両足が膝カッケ、両手が神経痛ということで、たいへん不自由な生活を送っていました。

3年前のある日、ふと近所の人がラドン温泉の話をしているのを耳にして、詳しく教えてもらおうとしました。

しかし近所の方は「人の話を聞くよりも、とにかく行って体験してみることよ」と。

そう言われてさっそく年の暮れも近い十二月からラドン温泉に通いはじめま

した。

すると、1か月、2か月と日が経つにつれ、あれほどの両手両足の痺れが嘘のように消えていくではありませんか。

1年が過ぎたころにはもう神経痛とカッケはすっかりよくなっていました。

それと同時に、20年も前から患っていた慢性胃腸炎にまで効果が現れたのです。

この病気に関しては、別に普段の生活にそれほど支障をきたすものでもなく、ひどいときに薬を服用する程度で、特に治そうと考えていたわけではなかったのです。

快食・快便、そして快眠。食べ物はおいしくいただけますし、便通がよいので体調もきわめて快調で、いつも成人病におびえていた昔の生活が嘘のようです。

気分もすっかり若返り、そのせいかお医者さんにかかりっきりだった「かすみ目」のほうまで、ハッキリものが見えるようになったのです。

これらは、すべてラドン温泉のお陰と思って心から感謝しています。

まずは体験してみることが大事です

このように、私は偶然、近所の方の話を耳にしたことがきっかけで、生まれ変わったように健康になれました。

今では、人づてに体調の悪い人の話を聞くと、それこそ飛んでいってラドン温泉の話をしているほどです。

しかし、私がどんなにラドン温泉のことを話しても、誰もはじめのうちは効果に疑問を感じるのか、ラドン温泉に行くことをためらう人が多いのです。

そういうときは、まず私の体験を話したうえで、

「騙されたと思って一週間だけでいいから行ってみて」

と勧めることにしています。

とにかく自分で体験してみることが一番なのですから。

また、温泉のラドン効果もさることながら、送迎バスの中で知りあった人たちやお湯の中で同じ病状に長い間苦しんできた人たちと知りあえることも大きな楽しみのひとつです。

私はこれからも、ラドン温泉に通い続けます。そして、より一層の健康を得るとともに、大勢の人と知り合い楽しい毎日を送っていきたいと思っております。

いかがでしたでしょうか？　これらの体験談はすべて当館で病を治すことに

成功したお客様の「生の声」です。この他にも様々な病気から回復された実にたくさんのお客様から喜びの声が寄せられています。

竜王ラドン温泉での忘れ物ナンバー1とは？

ところで、当館ではある忘れ物が多くて取り扱いに困っています。それは何だと思われますか？

湯治を目的に当館にお越しになるお客様の悩みはいろいろあります。なかには病気の慢性化や進行によって歩行に支障をきたしている方も多くいらっしゃいます。こうした方々がお帰りなられる際、『杖』を置き忘れることが本当に頻繁に起きるのです。

ラドン温泉の代表的な適応症の一つに、神経痛や関節痛の緩和や解消があります。杖を忘れてしまう方々は、これらの症状がラドンの効果できれいさっぱり消えてしまったのでしょう。

その他にも、帰り際にフロントで喜びの声をお聞かせいただくことがよくあります。糖尿病が改善した方、なかにはがんが消えたとおっしゃるお客様もいらっしゃいました。気管支系を患っていらした方から、たった一日で病状が改善したと驚きの報告をもらったこともあります。


繰り返しますが、当館は医療施設ではありませんから、お医者様も看護師さんもおりません。患者を「治療」するとも、病気を「治せる」と公言することもできません。しかし、私は半世紀近く、湯治に訪れた方々が驚くほど短期間で病を克服されている姿をこの目で見てきました。この事実をもっと人々に知ってもらいたいと思い、この本を書いています。

当館が万人万病に効くとは申しません。それでも、ラドンの力が病に対して想像を超えた効果を持っていることをよりご理解いただけたのではないでしょうか。

第3章では、つい最近に初めて当館を利用していただいたお客様から寄せられた「体験記」をご紹介します。体験されたご本人が臨場感あふれる文章を書いてくださったので、そのまま掲載させていただきました。

ご本人曰く、いらっしゃる前は、効くか効かないかは『当たるも八卦当たらぬも八卦』だろうという気持ちだったそうです。天然温泉に入れるのだからそれでよしと考えて宿泊してみたとのことでした。

体験記をお渡しくださる際、「せっかく甲府まで足を伸ばしたので、（当館近くの）デカ盛りで有名なお食事処のぼんちさんで、本当に想像を超えるデカ盛りも楽しみました」と笑顔で話してくださいました。これから当館にいらっしゃる方はぜひ、当館の周辺はもちろん、たくさんある甲府の観光地もお楽しみください。

第3章

竜王ラドン温泉を体験してみた

ずらり並んだ真っ赤な機械がお出迎え

私が友人を伴って初めて竜王ラドン温泉を訪れたのは令和6年の初夏の少し汗ばむような日だった。

私と妻は千葉県から、友人A（女性）は愛知県から、友人T（男性）は神奈川県からそれぞれ電車で甲府駅へ向かい、そこで合流してから目的地へ向かう計画を立てた。

友人Aは慢性の気管支疾患を患っていて、私は坐骨神経痛にずっと悩まされている。そんなことでもなければ貴重な休日に甲府まで来たりしない。ある人から偶然に竜王ラドン温泉の話を耳にして、それなら一度は行ってみようと私が友人たちを誘ったのだった。妻はおまけで付いて来ただけだが、電車の中で近ごろは痔の調子が良くないと聞き、それならちょうど良かったじゃないかと笑いあった。健康なのは私より ひと回り若い友人Tだけだ。なぜか彼は私が誘ったら必ずついて来るのだ。

その日の私は妻を連れてJR本八幡駅を出発し、新宿駅で友人Tと合流してから、特急あずさ号に乗り換えて甲府駅を目指した。電車は少し遅れたが、無事に甲府駅で友人Aと落ち合い、ひと駅先の竜王駅に着いたのは午後3時くらいだった。新宿駅を出てからまだ2時間くらいしか経っていない。中央線があるからか、このあたりは意外と近いのだ。

竜王駅から竜王ラドン温泉までタクシーにするか徒歩にするか悩んだ挙げ句、途中で遅い昼食にすることとなり、徒歩で向かうことにした。その食堂はラドン温泉までの途中にあるのだ。ラドン温泉まではゆっくり歩いて15分ほどだったから、ギリギリ徒歩圏内だ。竜王ラドン温泉は国道沿いにある目立つ建物なので発見するのは簡単で、自動車で来てもすぐに見つけられるだろう。

古めかしい建物だな~と話しながら玄関の扉を開け、宿泊用のロッカー（ロッカーは日帰り用と宿泊用で左右に分かれている）に靴を入れてロビーに上がる。

フロントは入ってすぐの右側にあるのだが、左側にずらっと並ぶ真っ赤な機械が気になって見に行ってしまった。

実はこのロビーいっぱいに並んでいる大きな機械こそ、ラドン発生器とその仲間たちなのだ。「これが竜王ラドン温泉のご本尊か」などと思いながら近づいてみると、なにか唸りながらラドンを送っている様子が伝わってくる。一番奥にはオゾン生成器のような機械も鎮座していたが、あれは何に使っているのだろう。ラドンと一緒にオゾンも送っているのか？

機械を眺めているとフロントから「いらっしゃいませ。宿泊の方ですか？」と声がかかった。ご本尊の見学は一旦取りやめてチェックインすることにした。

フロントで『鬼速10分湯治』について知る

予約した名前をフロントの女性に伝えると男女別に2部屋分のカギを渡された。ひと通り館内の説明を受け、ラドン温泉の入浴法についても丁寧に教えてくれた。

そこで聞かされたのが「ラドン室に入るのは10分くらいを目安にしてくださ い」ということだった。特に初めての場合は「体調が悪化したような状態になるケースがある（それは好転反応だと上から目線で友人Tが言っておったが……）からくれぐれも無理をしないように」とも言われ、これが噂の『鬼速10分湯治』なのだなと友人たちと顔を見合わせて頷きあった。すでに期待度マックスである。これは何か起こってしまうに違いない。友人Aの鼻の穴が膨らんでいるような気がした。

「ここのラドンは濃いから10分間で十分だということだよね。長居し過ぎるとどうなっちゃうんだろう？　倒れちゃうのかな？」なんて話をしながらぞろぞろと4階の客室へ向かったのである。

エレベーター前にある治効一覧に驚愕！

フロントから少し先にエレベーターがあり、そこを右に曲がって進むと温泉がある。エレベーターで4階まで上がるのだが、そのエレベーター前に症状別の完治率のような一覧が書かれた立て看板があった。「さぁ、見てみろ！」とばかりに仁王立ちしているから嫌でも目に入るのだ。実際はそこまで大きくはないけど……

お〜、本当にいろんな病気が治った人がいるんだなぁ〜と感心しきりなのだが、ここで驚くのはまだ早い。病名の横に記載されている「治った人の割合」が100％になっているところが複数あるではないか！ 100って100だよなぁとよくわからないことを考えていると、「ねえねえ、100％ってさぁ、全員が治っているってことだよね。この気管支系疾患とかさ！」と、さっそく友人Aが嬉しそうに話しかけてくる。

ずらずら〜っと書かれている数字を見ると、他にも高い確率でいろんな病気に効いているのが分かる。ここまで堂々と書かれると、逆に本当なのか？　と疑いたくなるくらいだが、これが現場にある看板なのだ。病院の玄関に「うちはこの病気なら100％治せます」って書いてあるようなものなのだ。

いやいや、これはマジで凄い！　これじゃあ医者も病院もいらないじゃないか？　ってくらいの数字が並んでいる。こんな数字、他の病院じゃ出せないだろ……と考えて思い出した。ここはそもそも病院じゃないだろ！　それにしてもすごい数字だ。

部屋は4階、ラドン温泉は1階

建物は3～5階が客室になっており、2階は大広間、1階はロビーや温泉になっているようだった。しかしエレベーターの押しボタンはなぜか6階まである。従業員の休憩室や事務所なのかなと余計なこと考えながら4階の洋室へ移動する。

廊下もドアも部屋もとことん昭和である。カギを差し込んだままノブを回すドアなんて久しぶりに使った（笑）。施設全体に漂う昭和感に自然と湯治に来たのだと初心を思い出す。

すでにテンションが振り切れてしまっている友人Aは、すぐにでも温泉へ行こうとはしゃいでいる。混浴じゃないのだから一人で勝手に行きなよ！　と思うのだが、今回の旅に誘ったのは自分なので休憩もほどほどに1階のラドン温泉へGO。妻と友人Tはもう少し部屋で休むようだった。

さっき降りたばかりのエレベーターに乗り直して1階まで下り、左に曲がった突き当たりの辺りが温泉だ。男湯の暖簾をくぐると意外に広い脱衣所が広がっている。脱衣所はそんなに古臭い感じがしない。ロッカーは硬貨を入れて閉めるタイプ（昔はどこもこのタイプだった）なので百円玉は必要だと書いておく。知らない人、特に若い世代のために付け加えておくけど、百円玉は戻ってくるから安心してよろしい。

竜王ラドン温泉はそもそも加熱も加水もしない源泉かけ流しの良質の温泉（弱アルカリ性の含硫黄・塩化物・炭酸水素塩泉）であって、コスパを考えたらそれだけでも十分と思えるのだが、今回に限って泉質は二の次、三の次。なんたって人生初のラドンを国内最高濃度で浴びることが目的なのだ。宿主さんには誠に失礼な話なのだが、お湯はかなりいい感じだったが自分にはオマケみたいなものである。今回の旅の目的はとにかく「ラドンの体験」なのだ。高濃度のラドンを浴びると何かが起こるはずなのだ。悪いところがあり過ぎる友人Aなどは好転反応で失神とかするのかな？　勝手な想像が膨らむばかりである。

温泉は浴槽への注ぎ方が打たせ湯のようになっていて、高い注ぎ口から源泉がドバドバと湯船に投下されている。実はこの源泉にも微量のラドンは含まれている。自分もちょっとホームページで下調べをしてきたのだ。洗い場に置いてあるケロリンの洗面器が子供の頃の銭湯を思い出させて自然とノスタルジックな気分になる。昭和を思い出すと切なくなるのはなぜだろう？　それにしても、この温泉はどこまでも昭和なのだと変なところで感心してしまった。

普通の温泉旅行ならこの辺りで「目的地に到着しました。案内を終了します」となるのだが、何度も言うけど今回の目的地は温泉の、その先にあるのだ。毛穴がほどよく開花したところで、身体と髪を洗ったら、いよいよラドン吸入室へ突入だ。

素人がいきなりラドン吸入室に入ってぶっ倒れたりしないか心配ではあるが、ラドン温泉で死人が出たとの話は聞いたことがないから大丈夫だろう。

ラドン初体験でノックアウトされる！

ラドンを浴びる部屋は独特の造りのようだ。天井はさほど高くなく、船底か

ラドン吸入室。ラドンの効果を紹介したパネルを読んでいると、あっという間に10分が過ぎてしまう。

洞窟みたいになっていて少し圧迫感がある。まるで潜水艦の中にいるみたいだ。体感は蒸し風呂のようで、出入り口のドアはきちんと閉まるように作られている。もちろん、温泉がある部屋のような窓はない。ラドンをどこにも逃がすものかという作り手の気合まで感じる。もうこれだけで効いている気がする。

　このラドン吸入室、床がけっこうヌルヌルして滑りそうなので、手摺りにつかまって湯船にゆっくりと入った。お湯は熱くもぬるくもなく、床からはボコボコとラドンらしき気体が出ているのが分かる。きっと部屋中にラドンが充満しているに違いない。まだ早い時間帯だったのでラドン吸入室の中には自分ひとり。誰も新鮮なラドンをまだ吸ってないのだ。嬉しいラドン独り占め状態である。思わず深呼吸をしてしまう私だった。

でもちょっと待った！　ずっと誰もいないからラドンが新鮮とは限らないのではないか？　ラドンの賞味期限ってあるのだろうか？　などとバカなことを考えてみたが、ラドンは一日くらいではなくならないことを思い出し、細かいことは気にしないでラドンを吸い込むことに専念した。ここを出たらスーパーサイヤ人になっているかも知れない。

しばらくすると汗が出始めた。それから5分もしないうちに、今度は全身から滝のように汗が流れ始めるではないか！　湯に浸かっているのはつらいので縁に腰かけて引き続きラドンを浴び続ける。息のほかに何もしていない。

もうダメだ！　10分間は耐えてみせようと頑張ってみたが、くらくらしてきたので退室した。ふと時計を見ると入ってからもう少しで15分も入っていたようだ。長針を読み違えていたことに気づいてさらにどっと疲れが出た。

ラドン吸入室から出ても汗は一向に止まらない。水で顔を洗っても治まらない。フロントでもしっかりインターバルを取るようにと言われているし、とにかく部屋に戻って休憩しよう。なんだかもったいないから身体は洗わず、そのまま戻ることにした。足元がふらふらするじゃないか！　なんだか思考もおぼつかない感じだ。完全にノックアウトである。とにかく水を飲んで横になった。初ラドンはかなり手ごわかったぜ〜。

〜およそ2時間が経過〜

体調がなんとか回復し、再びラドンを吸いに1階へ。

治療じゃないのだからそこまで頑張る必要はないのだが、行かなきゃ損した気分になるから行く。ラドンで体調が変になったら本望だ、などと意味不明な言い訳をしながら2回目の入浴へ。どうやら3～4人が利用中のようだったが、ラドン吸入室の湯船には10人くらいは入れそうだから無問題。結局、2回目のこの時は自分を含め3人で浸かっていた。けっこう遅い時間帯になったから日帰り組は帰ったあとだったかもしれぬ。ラドン吸入室の壁にはラドンの説明書きがでかでかと貼られているからきっちり読んでおいた。ここまで謳っておいて効果なしなら詐欺だなと思いながらお湯に浸かって息をひそめる。

今回もすぐに汗が出始める。そんなに室温が高くもないのにどんどん汗が出る。これ、湯に浸からなくてもラドンの効果だけで汗が出るのではなかろうか。次回（3回目）で試してみようと思った。今回は1回目の反省もあり、ちょうど10分で退室。やはり汗だらだらである。2回目はふらふらしないので1階にある自販機でスーパードライを買った。うまい!!

夜中まで動いていたラドン発生器

フロントのお姉さんからはラドン発生器は午後11時に停止すると聞かされていた。夜中は利用者が少ないから、11時に装置を止めても残ったラドンで朝まで大丈夫みたいな話だった。

3回目の利用はその日の午後11時半頃だったが、その時はまだボコボコとラドンが湯船の底から出ていた。装置の運転を停止してもしばらくは勝手に出てくるのかも知れない。機会があったら誰かに聞いてみよう。

3回目ともなると身体が慣れてきたのか、ラドン濃度が下がっているのか分からないが、15分ちょっとラドン吸入室に滞在した。

部屋に戻っても相変わらず汗は勢いよく出ているし、身体がものすごくだるいのだ。結局この日は火照ってなかなか寝付けなかった。持ち込んだワインを空けて無理やり寝たのだ。

翌日の早朝にもラドン吸入室へ入ってみたが、さすがにラドン発生器は止まっていたのだろう。ラドン吸入室に入ってしばらくしても昨日のような感じにはならない。きっとラドン濃度がかなり下がっていたのだろう。夜中に誰かが吸い逃げしたのかも知れない。ラドンは無色無臭であるはずだが、汗のかき方が全然違うからこうしてわかるのだ。ラドンとは正直なものだと感心した。自分もこれでラドン発見器になれると思った。

こうして一泊二日の短いラドン初体験が終わったのだが、電車にしておいて良かった。ここから千葉まで車を運転する気力は残っていない。かなりお疲れモードになった。

次回は必ず長逗留するのだ

初挑戦となったラドン温泉なのだが、3か月が経った現在、坐骨神経痛が顔を出す気配はない。自分の坐骨神経痛は一年に2〜3回のペース（季節性はまったくない）で発症するため、改善しているのかどうかを判断するには時間がかかるのだが、持病に近い腰痛はやや改善している感じだ。腰痛はいつも冬に悪化するから、寒くなる前に竜王へ行っておくと効果がよくわかるのかも知れない。

友人Aはすっかり調子が良くなったらしく、また誘ってくれと言っている。たった一夜の利用でも友人Aには確かな効果が出ているようだ。まさにエレベーター前の「看板に偽りなし」である。なんだか羨ましい。

妻は結局、滞在中に体調が悪くなったとかで温泉を利用しなかったので効果がわからない。体調が悪いのであればむしろ入ってみれば良かったと思うのだが、びびってしまったようだ。そのくせ「次はいつ行く？」と聞いてくる。

本来であれば少なくとも3日間くらいは滞在すべきなのだろうけど、働いている現役世代には都合をつけるのがなかなか大変だろう。でも、ロビーにいるとけっこう若い人がいたような……。最低でも連泊しなければ丸々一日を温泉三昧することができないからもったいないのだ。私は千葉県でも東京のお隣に住んでいるため竜王までは3時間もあれば行くことが出来る。三連休のどこかでスケジュールを調整して再訪するつもりだ。それでいい感じなら年末年始はずっと竜王にいるかも知れない。たった一度の体験ですっかりラドン温泉ファンになってしまったのだった。いまでは知人友人にラドン効果の素晴らしさを言いふらしている。医者に行くより竜王へ行け！　なのだ。

第4章

世界一の温泉が生まれるまで
〜竜王ラドン温泉誕生物語〜

画期的!?　高校生が考えた源泉かけ流しプール

私が温泉と出会ったのは、まだ山梨県内の高校に通っていた10代の頃でした。戦地からの復員者だった父は当時、現在の山梨県甲府市で材木商を経営しており、東京（現在の千代田区神保町）には販売のための拠点を構えていました。山梨県で調達した木材を地元で製材し、それをトラックで東京まで運んで取引先に届けることが家業の中身でした。

戦地から復員してからの父は次々と事業を立ち上げた

父は代々続いていた庄屋（農家）の嫡男だったにもかかわらず、農業は嫌いだからと戦後の復興需要に目をつけて材木を扱う会社を興していました。まだオート三輪しかなかった時代（四輪トラックはまだありません）でしたから、東京への材木の運搬中にトラックごと谷に落っこちてしまった話を聞かされたことをよく覚えています。

復興の最中、需要があるからと材木をただ仕入れて売るのではなく、人脈のある山梨で材木を仕入れ、自ら都心のど真ん中で販売するという、仕入れにも販売にも強みをつくるのが父の経営手法だったようです。

材木商として成功していた父は、現在の当館がある土地を購入し、事業拡大に伴う材木倉庫や製材工場を建設していました。広大な敷地は1万2千坪に及び、土地にはまだまだ余裕がありました。

元々は材木商のために買った土地であったはずですが、どうしてなのか父は温泉を利用した錦鯉の養殖に関心を持ち、敷地内での源泉の掘り当てにも成功します。そもそも、なぜ1万2千坪もの土地が材木商に必要だったのかは謎なのですが、父の考えた温泉事業が錦鯉だったことはさらに謎でありました。父は山っ気が強そうでしたから、温泉も掘り当てたことだし、それなら趣味で飼っている錦鯉でひと山当てようと考えていたのでしょう。その頃の父は趣味で敷地内に堀を作って数百匹の錦鯉を飼っていましたから、趣味と実益を兼ねようとしたのかも知れません。

しかし、錦鯉のプランを聞かされた私は父に「錦鯉の養殖ではなく温泉プールを作ってみてはどうだろうか?」と提案しました。商売のイロハのイも知らぬ高校生がプレゼンしたこの破天荒なアイデアを不思議と父は気に入ったらしく、現在の竜王ラドン温泉が建つ場所に、錦鯉ではなく人が泳ぐ温泉プールが誕生したのです。

思えばこの時の父の決断もまた謎でした。もちろん、源泉かけ流しの温泉プールなんて代物は当時としてはありません。これは、私が父との初仕事となった高校三年生の冬の思い出です。私が家業に取締役として正式に参画したのも同じ頃です。

この温泉プール事業が私と温泉の馴れ初めとなり、半世紀にわたる私の温泉人生のスタート地点となっています。

その後、東京の専修大学に進学した私は、学業との二足の草鞋を履いたまま、いよいよ温泉の仕事にのめり込みます。実際のところは温泉にばかり熱心な学生だったかも知れません。神保町に拠点があったこともあり、大学生の私が社長である父に代わって銀行と融資の話をする時もありました。大学三年生の頃には大学近くに借りていたアパートを引き払って地元へ舞い戻り、温泉事業を手伝いながら、授業のある日だけ校舎のあった神奈川県川崎市へ通う日々を送っていました。

大学生のひらめき！　ラドン温泉旅館への大転換

私が大学二年生のある日、父が温泉プールの事業を中断することを決めます。ある事故が原因で温泉プールを閉鎖することになったのです。温泉プールのある竜王の土地では、後の竜王ラドン温泉となる建物の建設計画に1年ほど前から着手していました。

父は「温泉付き老人ホーム」を温泉プールの次の事業として展開するため、建設投資を進めていたのです。しかし私は土壇場で、すでに建設中だった「温泉付き老人ホーム」事業に反対しました。私が当時の老人ホームビジネスに良い印象を持っていなかったことが最大の理由でした。

「新しく事業をするならラドン温泉旅館をやろう」と提案したのです。常識的に考えれば、「もう建設中だ。今さらそんなこと出来るか！」と激怒されそうなものですが、父はまたもや私の意見をすんなり聞き入れ、新しい事業を老人ホームから温泉旅館へと転換してしまったのです。

前回は高校生のアイデアを採用し、今回は大学生の反対意見に耳を貸し、またもや大胆な方向転換をしたのです。

幸いにも新しい事業を老人ホームから旅館に変更しても、建設中だった建物の仕様を大きく変更する必要はありませんでした。ターゲットが老人ホームと同じ年齢層でしたから事業性も非常に近いものがありました。

大きな設計変更や仕様変更が不要だったおかげで事業転換しやすかったことは間違いないのですが、そうは言っても転換に踏み切ったのは社長であった父です。

父の懐の大きさからなのか、父として子煩悩だったからなのか、それとも私の考えに何かを感じ取ったからなのか、今さらながらはっきりした理由は分かりません。まったく謎だらけの方向転換だったわけですが、結果的にこの大転換によって私が日本一の温泉施設への道をめざすこととなったのでした。

難産だった山梨ラドン温泉会館

昭和51年に母親が早逝し、高校生3年生だった私は母親からバトン（会社の株式）を引き継ぐ形で取締役として家業に参画することになりました。そして、翌年の昭和52年に温泉プールが開業します。

生まれた時から仕事場で育てられていた私は、家業に参加することに何の抵抗もなく、すぐに馴染めました。その後、元々の家業であった材木業の会社は兄たちが引き継ぎ、末っ子の私は父と二人で温泉事業に邁進することになるのですが、ここで一つ大きな問題が起こります。

それは、先代が老人ホームから温泉旅館へと事業計画を転換するのに合わせて、当時ブームとなっていた「ラドン温泉」の施設を取り入れる計画を打ち出したことでした。

このとき、私たちが導入したラドン発生装置は当時、国内最大級のものでした。そして、実は、現在でも国内最大級であることに変わりありません。どうしてそんなことが言えるのだろうと思われましたか？　それは、導入したくてもおいそれとはまねのできない金額の装置だったからです。当時で1台2500万円もする業務用の大型ラドン発生器を一気に6台も導入したのですから。

そこまでの巨額投資を私たちが決定した理由は別の章で詳しく説明しますが、このラドン発生器の投資の話を耳にした、山梨県内の競合となるラドン温泉事業者が、思いもよらぬ方法で金融機関に圧力をかけ、その結果、すでに建設工事が始まっているにもかかわらず銀行融資がストップしてしまう非常事態が発生したのです。まさに寝耳に水の出来事でした。

ラドン発生器の導入自体は老人ホームを計画していた時も頭の中にはあったのですが事業計画が温泉旅館に変更されたことをその競合が知り、私たちの、いわゆる「新規参入」を正面から邪魔する動きをしたのでした。

山梨県内では先駆者であった、そのラドン温泉事業者としては、ものすごい設備を導入しようとする強力なライバルの出現をなんとしても阻止したかったのです。それでも私たちも負けてはいられません。このままでは建設会社への支払いが滞ってしまうのですから必死です。

すでに交渉も終わり、融資を待っていた都市銀行から、当初の予定通りに融資が実行されるように奔走しました。しかし結局、その都市銀行は、すでに約束していた融資を反故にする決定を下し、それを通達してきたのです。

その後、こちらも様々な伝手《つて》を頼ってなんとか政府系銀行から融資を取り付けることでこの危機を回避したのでした。

こうして難産（妨害）の末、昭和54年の冬、私が大学三年生のときに「山梨ラドン温泉会館」（現在の竜王ラドン温泉）はなんとか開業に漕ぎつけたのです。


開業記念イベントとして、当時すでに全国区で人気のあった漫才コンビのツービート（ビートたけしさんとビートきよしさん）が1週間にわたり大広間の舞台で漫才をやって頂いたのは地元民しか知らない有名な逸話です。

放送禁止用語や生放送では見せられないと言われていた「老人ギャグ」をラドン温泉にやってきたお年寄りの前でたけしさんがぶっ放すのです。新鮮すぎ

創業当時の竜王ラドン温泉の外観

オープン式典で挨拶する父

てお年寄りも大笑いするのですが、時々きよしさんがお客様に向かって謝っていたのがおかしかったのを覚えています。

話を元に戻しましょう。先に述べた通り、当館のオープン時に導入したラドン発生器の規模は医療機関を含めても今なお国内最大クラスです。ラドン発生器だけで当時の金額で1億5千万円。ラドン発生器に対してこれほど巨額な投資をしたのは、事業として圧倒的な差別化を図るためでした。今では知らない方のほうが多いラドン温泉ブームですが、当時は日本中にラドン温泉が生まれ、激しく競争していました。その中で、ラドンの効果で圧倒的な差をつけるために巨額な投資を決断したのです。

当時、1つのラドン温泉施設に1台のラドン発生器が設置されるのが普通でした。

1台あればラドンを発生させることができます。それに1台導入するだけで

2500万円もの費用がかかるのですから、わざわざ導入台数を増やそうと誰も考えなかったのです。

融資も下りて無事に開業できた当館は、アイデアマンだった父の集客方法も功を奏し、事業として見込み通りの順調な滑り出しを見せたのでした。

原点回帰、七転び八起きの温泉人生

しかし、どんな事業も穏やかな時だけではありません。私の温泉人生にもこれまでにいろいろな出来事がありました。

すでに述べたように競合のラドン温泉事業者からの妨害行為をはじめ、ラドン温泉の熱狂と衰退、健康ランドの隆盛、東日本大震災やコロナ禍による壊滅的なお客様離れなど、まさに山あり谷ありの半世紀でした。

温泉やホテル事業に限らず、商売で肝心なことはお得意様を作ることです。

温泉事業でもリピーターの確保は最重要課題です。長い私の温泉人生でも、いかにして新規顧客を獲得し、折角いらしていただいたお客様にリピーターになっていただくか、このことを経営の中心テーマに考えていました。もちろん、「本物を提供したい」といった信念のようなものは根底に持ち続けています。

父と始めた半世紀に及ぶ温泉人生を振り返ってみると、竜王ラドン温泉はこれまでに7回もの「危機」に見舞われてきました。一方で毎日が満員御礼でてんてこ舞いさせられた時期もありました。病気が治った方からお礼の言葉を頂戴した嬉しい出来事も数えきれないほどあります。

お話しするのが恥ずかしい話もたくさんありますが、この章では、当館がこの半世紀の間、どのように変遷してきたのかを包み隠さずお伝えしたいと思います。昭和~平成~令和を生きてきた『七転び八起き』の温泉人生をご笑覧ください。

そんな時代もありました（昭和50年代）

先代である父が経営していた材木会社に私が取締役として参加したのは高校3年生だった昭和51年（1976年）でした。亡くなった母親が保有していた会社の株式を引き継いだのです。

時代はロッキード事件が世間を騒がし、「ピーナッツ」が流行語になった頃です。国外では毛沢東の死去やベトナム統一があり、スティーブ・ジョブズがアップル社を創業したのも1976年でした。銭湯の料金が110円くらいの頃です。

取締役として家業に参画した翌年の昭和52年、私が提案した温泉プールが開業するのですが、世の中ではすでにラドン温泉ブームが始まっていました。当時、すでに全国に30か所を超える大規模なラドン施設が建設され、年間200万人を上回る利用者が生まれていたのです。

自分の発案でオープンした温泉プールでしたが、開業から2年後の昭和54年、残念ながら閉鎖することになりました。お客様が死亡される大きな事故が起きたのです。お客様に笑顔になっていただくための施設で死亡事故を起こした責任を施設の閉鎖という形で取ったのです。

その年の年末、閉鎖した温泉プールのとなりに山梨ラドン温泉会館（現在の竜王ラドン温泉）を開業しました。山梨県内で先行していた競合のラドン温泉事業者の執拗な妨害もなんのその、ますます拡大するラドン温泉ブームの波に乗れました。

やがて先行していた事業者を押しのける形で、山梨ラドン温泉会館が山梨県内の客層をほぼ手中に収めることが出来たのは、源泉から湧き出る良質な温泉と高濃度のラドンを提供できるラドン発生器の賜物でした。

当時、私たちは竜王ラドン温泉の開業にあって参考にした施設がありました。千葉ラドン温泉会館に見学に行き、オーストリアにある坑道内のラドン施設を参考に作られたという「吸入室」の形状やお客様の送迎システムなどを取り入れました。

千葉ラドン温泉会館をはじめ、当時のラドン温泉のビジネスモデルは、お年寄りをマイクロバスで自宅まで迎えに行き、ラドン温泉に入ってもらい、食事をしながら皆さんで和んでもらったところで再びバスで自宅まで送り届けるというスタイルが一般的でした。

今思えば、日中のお年寄りの世話を一日かけて見てくれる、現在のケア・センターによく似たサービスを提供していたのが当時のラドン温泉だったのです。

ちなみに、この年の経済本部門でベストセラーとなった「ジャパン・アズ・ナンバーワン（翻訳版）」は、黄金期を迎えた日本経済のシステムと日本人の気質を褒めたたえた一冊でした。ハーバード大学のエズラ・ボーゲル教授によって書かれたものですが、この本の副題が～アメリカへの教訓～であったことを覚えている方は多くはないでしょう。ボーゲル教授は日本を最大限の賛辞で評価しつつも、アメリカに日本への反撃の狼煙を上げさせたのです。日本が大国アメリカを本気にさせた二度目の出来事でした。現在の日米格差からは想像もできない昔話です。

その後もラドンブームは全国各地で吹き荒れ、昭和56年（1981年）には全国の利用者数がついに1000万人に達します。もはや日本中がラドン温泉に熱狂し、副作用として詐欺商法や怪しい施設が横行するほどでした。今ほど情報通信手段が発達していなかった時代にあって、これほどまでに日本中を過熱させた一大ブームは後にも先にもラドン温泉しかありません。日本人の温泉好きと健康志向の相乗効果によって、まさに猫も杓子もの様相を呈していたのです。

昭和50年代、特に50年代後半の日本は、世界経済がオイルショック後の停滞を続けている中から一足早く抜け出してバブルへ向かって階段を駆け上がっている時代でした。日本が戦後もっとも元気だった時代ではなかったでしょうか。ジャパンマネーが世界を席巻し始めたのもこの頃です。

ラドンブームに冷や水をかけた「ふるさと創生事業」

実は山梨ラドン温泉会館がオープンした昭和54年（1979年）は第二次オイルショックの真っ只中にありました。しかし、源泉とラドン発生器で勝負をしていた私たちにとってオイルショックはまったく問題になりませんでした。温かい源泉をかけ流しで使用できる山梨ラドン温泉会館は加温のための燃料（石油）が不要なビジネスモデルだったからです。ラドン温泉ブームはその後も続き、事業も安定していました。

しかし、昭和60年代に入る頃、ライフスタイルの変化に合わせて新しいタイプの温泉施設が現れました。「健康ランド」です。ラドン温泉ブームは次第に健康ランドブームに移っていきました。

地味で暗いイメージだったラドン温泉の「湯治」から、明るい健康ランドでの「レジャー」に移行していったのです。このブームの変遷では客層もどちらかといえば若い世代へと移っていきました。

それでも強い集客の仕組みを構築していた当館は安定した営業を継続できていました。

昭和60年（１９８５年）は日本がバブル経済へ向かうことを決定付けたプラザ合意のあった年です。プラザ合意後の日本では景気が過熱し、土地は高騰を続けました。拝金主義的な考えが広がり、民営化されたＮＴＴ株に人気が殺到したのもこの年です。

史上最悪の航空機事故となった日航ジャンボ機墜落を覚えている方も多いのではないでしょうか。犠牲になられた坂本九さんが保管していた数々のワインは、今もそのままの状態で山梨県にある某ワイナリーの地下カーブで眠っているそうです。

そんな温泉ブームに水を差したのが昭和63年（1988年）に発表された竹下内閣による「ふるさと創生事業」でした。地方自治体にふるさと創生金として1億円が配られた結果、あちこちの自治体が温泉掘削に乗り出しました。自治体ごとに1億円でしたから、東京都港区に1億円なら東京都青ヶ島村にも1億円だったわけです。無駄遣いの典型と批判された政府の目玉政策でしたが、この資金の使い道についていろいろと報道されたことを記憶されている方もいらっしゃると思います。1億円分の純金に替えて展示した役場もありました。

山梨県内でも温泉を掘った自治体がいくつもあり、官営の温泉施設があちらこちらに出来上がりました。地元民は無料または特別料金で利用できる施設がほとんどでしたから、こうなるとお年寄りを相手にしている民間の温泉事業者はひとたまりもありません。あっという間にお客を奪われ、木っ端みじんに撃退されました。この出来事が当館の最初の危機です。私たちの業界にとってみると「ふるさと創生事業」は官が民を圧迫する愚策だったのです。

健康ランドブームに乗っかる

昭和天皇が崩御して元号が改まった平成元年（1989年）、町営温泉にお年寄りを奪われた先代と私は起死回生の策に打って出ました。その後も続いていた健康ランドブームに乗っかる作戦です。

ラドン温泉を継続しながら、これまでとは正反対の客層に利用してもらうた

健康ランドの中にスライダー付きのプールを設置。これが大当たりして家族連れのお客様が殺到

め、新しい事業として健康ランドを始めたのです。

なかでも私たちは子供に的を絞り、大型スライダー付きプールなど、先行していた他の健康ランドとはひと味違った、趣向を凝らした遊び心のある大胆な施設を取り入れました。世の中は好景気を謳歌していました。およそ5億円を投資したこの事業は大当たりし、会社は再び上昇気流に乗ったのです。

残念ながらこの年、父であり創業

者である先代が亡くなりました。それ以来、私が一人で会社の操縦桿を握ることになったのです。

平成元年といえば小渕官房長官（当時）が元号の色紙を嬉しそうに掲げていたニュースを思い出す方が多いのではないでしょうか？　日本では世論の大反対を押し切って消費税が導入されました。民主化の波がベルリンの壁を崩壊させた一方で、中国では民主化を求めた学生たちを武力鎮圧した天安門事件が起こった年です。三菱地所がアメリカの富の象徴でもあったロックフェラーセンタービルを買収し、日本のバブル経済がピークを迎えた時でもありました。

その後も健康ランド部門は順調に推移し、1日あたりのお客様が1000人を超える満員御礼の日が続きました。継続していたラドン温泉部門のお客様の人数も徐々に回復していましたが、当時としては健康ランド部門の売り上げが圧倒的に大きく、ラドン温泉は片隅に追いやられた感じさえありました。しかし、健康ランド部門の拡大により人件費や燃料費は大幅に増えており、少しでも来客数が減ってしまえばすぐに経営が厳しくなる薄利多売の収益構造になっていることへの危機感は十分に持っていたつもりでした。

しかし、順調な業績を続けていた当館に魔が差すような事件が起こります。事業拡張を目論んだ投資で巨額の欠損を出してしまったのです。幸いにも先代が残してくれた土地に十分な余力があったため、その一部を売却して危機を脱出しましたが、これが当館の2回目の危機でした。

尖閣諸島事件で一気に消えた中国からの団体客

時代は進み、21世紀を迎えます。

この頃になると健康ランドの来客が落ち着いてくる一方、ラドン温泉部門の来客数はかなり復活していました。事業としてはバランスの良い状態になっていました。

この頃、土地の評価替えで保有する土地評価額が突然10倍になったり、地価税の導入があったりと、税金の支払額が急増しました。さらに、平成の大合併により竜王町が甲斐市になったことに合わせ高齢者の入浴料負担事業が廃止されました。これにより再びお年寄りの来客がゼロの状態となり、売り上げが激減しました。健康ランドのブームが最盛期を過ぎていた当館は再びピンチに陥ります。これが第3の危機です。

ここで再び方向転換を模索します。前回のラドン温泉危機の際は、それまでターゲットにしていなかった子供や家族に目を向けた健康ランド事業への投資で乗り切りました。しかしこの時は急増し始めていたインバウンド（海外から日本にいらっしゃったお客様）の取り込みを強力に推進することに舵を切り、主に中国からの団体旅行客の集客に成功して事なきを得ました。

しかし、ホッとしたのも束の間、大きな問題が勃発します。平成22年（２０１０年）に尖閣諸島事件が発生し、中国からのお客様がいきなりゼロになってしまったのです。これが4回目の危機です。この危機（中国からのインバウンドの激減）は半年間ほどで収まり、胸をなでおろしたのですが、常に外的要因に振り回される経営状態に疲れていました。

東日本大震災の衝撃、酷かった風評被害

徐々に回復しつつあった当館をついに壊滅的なところまで追い込む嵐が吹きました。平成23年（２０１１年）に発生した東日本大震災です。

福島第一原発の事故による計画停電や放射能に対するアレルギーなどにより全ての部門で来客が途絶えてしまったのです。当時の自粛ムードは皆さんの記憶に新しいところだと思います。放射能に関する風評被害もひどく、そもそもラドン温泉は安全であるにもかかわらず、健康ランドさえもラドン温泉と十把一絡げと見られてしまったのです。

世間からは、「竜王ラドン温泉は放射能があるから危ない。健康ランドだってきっと同じに違いない」といったイメージで見られていました。結局、３年間ほど当館に閑古鳥の鳴く状態が続いたのです。私たちにとって5回目で、しかも壊滅的な危機でした。

こうなると固定費が膨らみがちな健康ランド部門は火の車です。毎日ボイラーを焚いても売り上げに繋がりませんから、営業すればするほど損失が拡大してしまいます。会社の将来について悩む日々が続きました。

安倍元首相とたけし監督で再注目されたラドン

東日本大震災からの忍耐の日々が続いていた当館にとって久々に明るいニュースが飛び込んできたのは平成26年（２０１４年）でした。

持病に苦しんでいた安倍元首相がラドン吸入器を愛用しているという情報が

週刊誌で報道され、政界を巻き込んでちょっとした騒ぎとなったことは別章でご紹介します。

第一次安倍内閣を退陣させたほどの持病ですから、その回復の立て役者にラドンがあった！　と様々なメディアで報道され、久しぶりにラドン温泉が注目されたのです。その冬の山梨県は過去最悪となる大雪に見舞われましたが、インバウンドを含めてお客様の人数は急速に回復へと向かいました。

安倍政権が主導した集団的自衛権を認める閣議決定がなされたのもこの年でした。日本では消費税率が８％に引き上げられ、香港では雨傘革命が起こりました。

さらに2年後の平成28年（２０１６年）、北野武監督がベルリン映画祭をキャンセルした際のインタビューで、「山梨のラドン温泉で営業があったのでベルリンに行けなかった」とジョークを飛ばしたことが面白おかしくニュースで流れ、またもや当館に注目が集まったのでした。

この記者会見の際、北野監督が「映画界は原点回帰しなければならない」という持論を展開しているのを耳にした私は、今後の当館の在り方についてもしっかり考えなければならないと思い始めました。これから数年間、私はずっとこの問題が頭から離れない状態が続きました。

その頃の当館の入場者数はインバウンドだけでも年間2万人まで回復し、やっと長いトンネルを抜けていました。平成30年（2018年）には旅行サイトの温泉総選挙で外国人部門第2位に、翌年には同1位に選ばれました。多くのテレビ取材を受けたことも追い風となり、業績は順調な回復を見せました。

ところが、滞納していた固定資産税もようやく完納し、さあこれからだ！と思っていた矢先、主力銀行が当館に対して保有していた債権を売却してしまいます。これには正直、参りました。これが6度目の危機です。

2020年、竜王ラドン温泉の原点回帰宣言

時代がまたもや元号を改めた令和元年（2019年）に妻が世を去り、竜王ラドン温泉の歴史は3つ目の時代に入りました。妻がいなくなり私一人になったことを心配したのでしょう。長男が勤務先を退職して当館の経営に加わってくれました。

その直後の出来事です。さあ、これから一緒に会社の危機を乗り切ろうとしていたところへ追い打ちをかけたのが世界を委縮させたコロナ禍でした。回復したばかりのインバウンドはまたもやゼロとなり、国内客数もなべ底状態となりました。追い打ちのように出現した、この7度目の危機に対し、もはやなす術はありません。

会社の存続を探りつつも、最悪のケースを想定して会社を売却・整理する方向も並行して考え、それぞれについてコンサルタント会社に相談をはじめたほ

どです。

会社の方向を探っている間にも時はどんどん過ぎていきます。そうするうちに来場者が少しずつ戻ってくる気配が見えるようになり、私は会社を存続させる覚悟を固めました。そのためには何をすべきか、当館の特色を出すにはどうすれば良いのかを考えました。

たどり着いた結論は「原点回帰」でした。

竜王ラドン温泉にしかないもの、父と二人で温泉事業を始めた頃のことを思い出し、「天然ラドン温泉」こそが誰にも真似をされない唯一無二の強みである、と再認識できたのです。当館に湯治に来たお客様から難病が治ったという声が次々に届いていた事実が私を勇気づけてくれました。

※補足※

ここで初めて「天然ラドン温泉」という言葉が登場したので少し補足してお

きます。

「ラドン温泉」とは温泉法によって定められている用語ではありません。人工的に発生させたラドン（気体）を温水（温泉である必要もありません）に吹き込むものと定義された仕組みや商品の名称なのです。ラドン温泉という言葉に、つい天然温泉（いわゆる温泉）と混同されてしまいがちですが、ラドン温泉が天然温泉かどうかは実は関係ないのです。そこで、当館のように「天然温泉＋ラドン発生器」の施設を区別するために天然ラドン温泉と称しています。

これとは別に、天然温泉のなかでラドン濃度が111ベクレル以上あるものは「放射能泉」と呼ばれています。こちらは温泉法で定義されている療養泉の一つです。

創業の原点に戻ろう

7度目の危機を越え、「創業の原点に戻ろう」と決意するまで、私は何度も、北野監督が記者会見で話していた映画界の原点回帰の話を思い出しました。

悩みに悩んだ末、ついに当館の2枚看板の片翼を担ってくれていた健康ランド部門の閉鎖を決断したのです。そもそも健康ランドは自分たちが本当にやりたい事業だったのかを真剣に考え、継続すべき事業であるかどうかを見直した結果でした。

大ナタを振るったことで、結果的に固定費が大幅に減りました。当館は自家源泉を保有していますから温泉は勝手に湧いてきます。しかも良質なうえに湯温がちょうど良いので加温も加水も必要ありません。日本一のラドン発生器も開業時のままです。ジェラルミン容器に格納されているラジウムの半減期は1600年ですから新品同然のまま高濃度のラドンを生成し続けられます。このありがたさが改めて身に沁みました。

かつてないほど経営を苦しめたコロナ禍が、経営者である私に竜王ラドン温泉が持つ「本当の価値」を見直すきっかけを与えてくれたのです。父と温泉事業を始めたあの頃に、原点に戻れと私に教えてくれたのです。

当館と同じような施設が次々と閉鎖に追い込まれる中にあって、当館が生き残れた理由もそこにありました。

私と息子は苦境の中でもがくように、２０２０年に原点回帰宣言をしたのでした。

第5章

日本人と温泉の歩み

温泉大国にっぽん、人も動物も温泉が大好き

ここで、湯治のプロとして「日本人と温泉」の歴史についてお話ししましょう。

この本の冒頭にも書いたように、私たち日本人ほど温泉が好きな民族はいないと思います。

日本の文献に温泉が初めて登場するのは、「古事記」です。古事記には道後

温泉（愛媛県）が登場します。道後温泉本館はもっとも古い温泉の一つとしても有名です。

「出雲国風土記」には驚くべきことに、次のような記述があります。

――一たび濯げば形容端正しく、再び沐すれば万の病悉くに除ゆ

現代風に翻訳すると「一度お湯につかれば見た目がきれいになり、二度入れば病気がことごとく治ってしまう」という意味になります。今から1300年も前から、日本人は温泉が病気に効くことを知っていた証拠です。

日本列島には分かっているだけで3100か所を超える温泉地と約2万8000の源泉があり、これは世界一の規模です。奈良時代には湯治の習慣がすでにあったと言いますから、もはや日本人の温泉好きは時代を超えた筋金入りと言えます。

日本では野生のお猿さんも温泉に入りますし、日本中央競馬会（JRA）は競走馬を癒すために専用の温泉施設まで保有しています。

野生のお猿さんが入浴するのは実は日本だけ

昔から温泉が好きな日本人は、温泉は健康に寄与することを疑いもしません。そうでなければ、温泉施設の名称が健康ランドで定着することはないでしょう。

戦国武将も重宝した湯治場

日本書紀に登場する有馬温泉は、豊臣秀吉が何度も湯治に出向いたことで有名です。秀吉は正室ねねのために有馬に別邸まで作らせています。し、多くの戦国武将が合戦で負った

傷を癒すために人里離れた場所に「隠し湯」を密かに所有していたことが明らかになっています。
合戦のあとに兵を癒すために領主が直轄で管理していた隠し湯は、人里離れた山奥にあることが多く、もはや軍事施設と言ってもよい扱いだったようです。
温泉効能の詳しいメカニズムが分からなくても、温泉が病や傷に効くことを日本人は昔から知恵として知り、それを利用してきました。お猿さんも温泉でキズが癒えることを知っているに間違いありません。

ここで少し脱線して、有名な戦国武将の中から武田信玄と徳川家康の温泉事情についてお話ししましょう。

隠し湯の代名詞、甲斐の武田信玄

甲斐の国を治めた武田信玄は、領土の拡大に合わせるように甲斐（山梨県）の他に信濃（長野県）や駿河（静岡県）にも多くの隠し湯を所有していました。

現在もその多くが有名な温泉地として残っています。お膝元であった甲斐の国では、湯村温泉や下部温泉、ラジウム温泉として国内随一とされる増富温泉などがあります。信濃の渋温泉や白骨温泉、駿河の梅田温泉や梅ヶ島温泉なども信玄の湯として今も残っています。

甲斐の国が温泉に恵まれた土地だったこともあり、信玄ほど数多くの隠し湯を利用していた武将はいません。隠し湯の代名詞的な存在ともいえるのが武田信玄です。家臣であった真田家（伊香保温泉は勝頼が真田家に命じて作らせたと伝えられています）や川中島の戦で有名な越後の上杉謙信も隠し湯では有名な武将です。

ゲン担ぎで始まった徳川家康の熱海温泉好き

関ヶ原の戦いの前に徳川家康が立ち寄ったとされるのが熱海温泉です。隠し湯とは対照的な温泉地ですが、ゲン担ぎで始まった家康の熱海好きは江戸幕府を開いてからも止まらず、最長で17日間も逗留したと記録に残っています。

家康の熱海好きはその後の将軍家にも影響を与え、三代将軍家光は熱海での湯治のために熱海御殿を造営し、熱海の湯を江戸城まで運ぶ「御汲湯《おくみゆ》」を始めたと伝えられています。なんと、江戸時代にはもう温泉の宅配があったのです。きっと樽に入れた温泉を人足が大八車で運んだのでしょう。

温泉ブームの始まりは江戸時代

日本では昔からさまざまな温泉ブームがありましたが、始まりは江戸庶民だったようです。ここにも家康の影響があったのかどうかは分かりませんが、庶民のお風呂文化は江戸時代に花開きました。

元々は平安時代の頃から貴族や上級武家を中心に入浴の習慣が広まったそうですが、江戸時代になると庶民も風呂に入るようになります。いまでも江戸っ子の風呂好きは有名です。唸りながら熱い風呂に浸かる姿を時代劇でよく見たものです。

江戸時代には町中に「湯屋」と呼ばれる銭湯が作られ、庶民にも風呂に入る習慣が定着しました。江戸に銭湯が多くできたのは、火事を恐れた幕府が長屋に風呂を作ることを禁じていたためと言われています。一方で幕府はまた、公衆衛生や健康増進の観点から庶民が風呂に入ることを奨励していました。入浴が衛生面だけでなく、健康に役立つことを幕府も庶民も心得ていたということでしょう。当時の銭湯では現在の歯磨き粉の代用になるものが売られていたと記録にあります。

江戸中期になると湯治に出かける庶民が増え、役所に湯治願を出して遠方まで温泉旅に出かけるようになります。特に農閑期に長期のお休みを取りやすい農民などが多く、この頃になると温泉巡りの案内本も出ていたそうです。お伊勢参りや金比羅参りの途中で温泉に寄る人も多く、仲間を集めて出かける「講中」と呼ばれるツアー旅行も見られるようになりました。

庶民の間で温泉人気が高まってくると、ついに江戸の町には古今東西の温泉番付なるものが出回るようになります。その頃の大関（横綱は明治以降に生ま

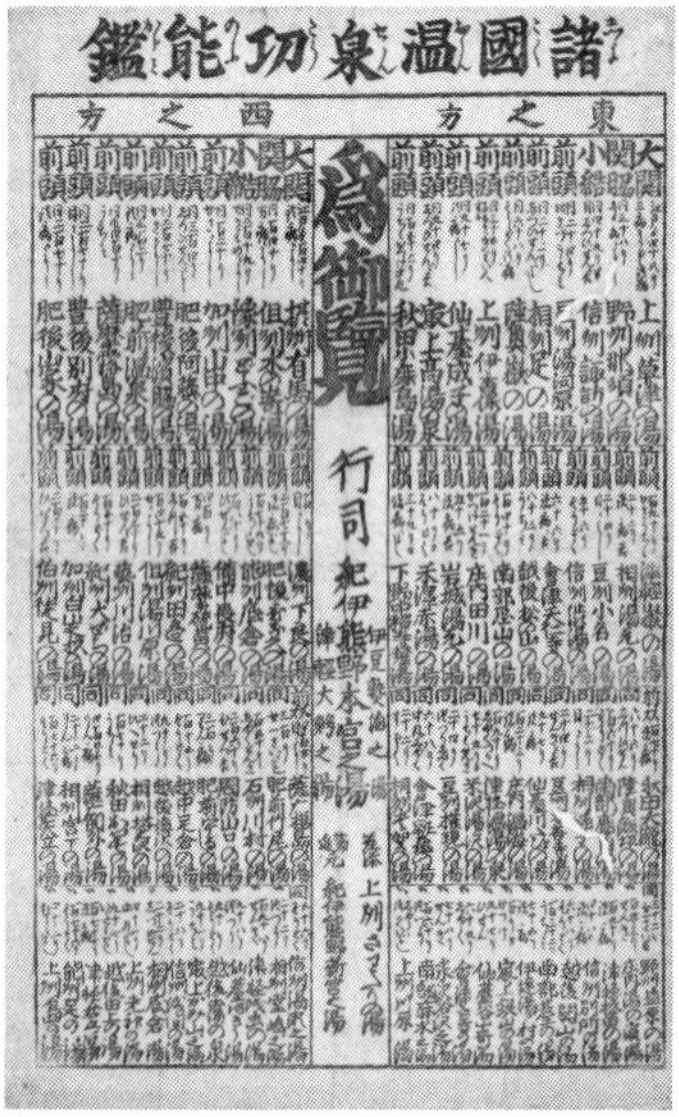

江戸時代の温泉人気を表す「温泉番付」

れた地位です）は、東の大関が草津温泉、西の大関は有馬温泉であったとの記録が残っています。これは温泉ブームの始まりが江戸時代だったことを裏付ける資料でもあります。

その後、明治になると内務省が全国の温泉を調査した初めての温泉レポートとなる「日本鉱泉誌」を発刊します。さらにドイツから温泉医学の専門家を招聘するなど温泉の世界にも「文明開化」が訪れます。また、資本主義の発展にともなって温泉地にも新規掘削などに開発資金が投入され、熱海、箱根、別府に代表されるような大規模な温泉地が日本各地に整備されました。

戦後も続く日本の温泉ブーム

戦後の食糧難の時代には、お米をもって温泉場へ湯治に出向く人が多かったようです。どんなに貧しい時代でも温泉人気は衰えなかったのです。新婚旅行の人気先が熱海や別府といった温泉地だった時代もあります。

高度成長期に入ると、それまで日本各地にあった温泉地の開発が一気に拡大します。所得が増えたことで観光がレジャーの一つとなり、団体旅行客が増え、大勢の日本人が温泉地を訪れるようになりました。

温泉宿は近代的な建物に姿を変え、宿泊施設を中心とする温泉街が形成されていきます。その頃には海外資本の参加も見られるようになり、女性の社会進出にともなって女性客も急増していきました。

やがて温泉開発はバブル時代にピークを迎え、相次いで建設された温泉付き高級リゾート施設や宿泊施設がバブルの崩壊で巨大な負の遺産となって残っている地域もあります。それでも日本人の温泉好きはびくともせずに続行中なのです。

第二の病院、ラドン温泉ブーム

ラドン温泉と聞けば、少し古い世代の方には懐かしいキーワードの一つではないでしょうか。昭和50年代には日本中に「ラドン温泉」の一大ブームが巻き起こりました。このときは日本各地の大きな街には大抵、ラドン温泉が数軒ずつオープンしたほどでした。

当時のラドン温泉は、ラドン発生器で生成されたラドンを気体（ガス）のまま浴槽や吸入室に送り込んで利用するのが一般的で、人工的に放射能泉と同じ効果を作り出す施設をラドン温泉と呼んでいました。このため、施設の名称は「○○ラドン健康センター」や「△△ラドンセンター」というのが主流でした。

竜王ラドン温泉は自家源泉を持つ天然温泉ではありますが、「天然温泉としてのラドン温泉（＝放射能泉）」ではありません（天然温泉にもある程度のラドンは含まれています）。しかし、備えているラドン発生器は大学病院などを含めても国内最大級であり、天然の放射能泉をはるかに上回るラドン効果を期待できる施設として稼働を続けています。ラドン効果の優劣であれば、現在もこれからも優位性はまったく揺るぎません。

ラドン温泉ブームが巻き起こったのは、敗戦から立ち直った日本が急速に豊かになり、「健康」が人々の関心を集めるテーマとなり始めた時代でもありました。「ラドン温泉に入って難病が治った」などの情報が日本中を駆け巡った結果、ラドン施設はまるで第二の病院のように世間の耳目を集めることとなったのです。

当時、ラドン温泉の人気があまりにも高まり過ぎた副作用として、ラドンに関連する詐欺のような怪しい商品や商法が後を絶たないほどでした。

その後も「健康ランド」ブーム、現在流行している「サウナ」ブームなど、形や目先を変えながら温泉ブームは一向に衰える気配がありません。

温泉専門の旅行サイトや雑誌がたくさんあり、身近な日帰り温泉から山奥にひっそり佇む秘湯まで、日本にはあらゆるジャンルの温泉があふれています。

都市部には遠くから温泉を運んで利用するビジネスホテルまであります。

まさに日本は世界一の温泉大国であり、数多の娯楽の中で常に日本人の心をとらえて離さないテーマが温泉なのです。

日本人のきれい好きな性格と健康志向から、日本人の温泉好きは永遠に不滅なのです。

第6章

温泉が身体に良い理由

温泉にある成分表にだまされるな

温泉について悪いイメージを持っている日本人は極めて少数派のはずです。大抵の方は「温泉に入ると健康になる」と考えています。

では、具体的に温泉にはどのような効果が期待されるのでしょうか。もちろん、病気を治すことを目的に温泉へ出かける人ばかりではないでしょう。むしろ、リラックスや観光の一部として温泉を利用している人の方が多いはずです。食事を楽しみに宿を選ぶ方も多いでしょう。

温泉に行けば泉質や適応症、禁忌症について書かれてある成分表をよく見かけます。この成分表をお客様に見つけやすい場所に掲げることが温泉法によって義務付けられているからです。

また、温泉法では日本の温泉は成分によって単純泉から放射能泉までの次頁に示す10種類に区分けされています。

環境省による基準（鉱泉分析法指針）では、①湧出時の泉温が25度以上、②指定された18種の成分のうち一つでも一定量以上含むもの、を「温泉」と定義しています。

これら温泉のうち、8種の特殊成分について、さらに高い基準を満たしているものを「療養泉」と定義しています。療養泉とは文字どおり「治療の目的に適応した温泉」のことです。

温泉の基準は74ベクレル、療養泉の基準は111ベクレルと規定されていますから、ラドン濃度が111ベクレルを満たしていれば医療的な効能があると言えます。

【日本にある温泉（療養泉）はこの10種類】

単純温泉
塩化物泉
炭酸水素塩泉
硫酸塩泉
二酸化炭素泉
含鉄泉
硫黄泉
酸性泉
放射能泉
含よう素泉

そして、温泉に入ることで得られる効果は、「一般的適応症」と「泉質別適応症」に分けられています。「適応症」とは聞きなれない言葉ですが、これは効能のある症状を指す専門用語の一つです。

ところで、一般的適応症に列記されている症状は温泉でなくても改善が期待できるものばかりだと思いませんか？　成分表に書かれていると何となく温泉だけが持つ特別な効果と勘違いしそうですが、実は自宅の入浴で対応できるものばかりなのです。外部から身体を温めることで効果があるという点では、現在ブームとなっているサウナ効果も代わり映えしません。

代表的な一般的適応症には次のような項目が書かれてあります。

筋肉痛、関節痛、神経痛、冷え性、軽症高血圧、疲労回復、健康増進などです。

どれも自宅の温浴で十分効果のありそうな症状ばかりですよね？　実態はただの地下水でも湧出温度が25度以上あれば温泉を名乗れるのですから仕方がないところです。ただ、これらの適応症の他にも美肌、保湿、リラックス効果など、温泉の方が効き目のありそうな効果もあります。

温泉力の源はラドンにあり

これらの効果とは別に、泉質によって異なる特別な効能があります。成分表に泉質別適応症と記載されているものです。まさに温泉らしさを体感できる効能ですが、これらの温泉が身体に良い効果を発揮するパワーの源は何でしょうか？　温泉に溶け込んでいる硫黄やミネラル分でしょうか？　あの硫黄臭さが身体に効きそうな気がする人もいるでしょう。もちろん、硫黄は肌をすべすべにしますし、ナトリウムには保湿効果があります。どちらも温泉に入ることで誰でも体感出来ます。

これまでに、温泉の効能については様々な研究がなされてきましたが、私はそのパワーの源には「温泉に含まれているラドン」が大きく影響しているはずだと考えています。温泉の効き目は、成分による効果よりも、温泉に微量に含まれているラドンによる効果が圧倒的に大きいはず、と考えているのです。

ラドンって安全なの？ 実はどこにでも存在している放射性元素

50年代のラドン温泉ブームを知らない世代の方にとって、ラドンは聞きなれない言葉でしょう。物理や化学に詳しい方であれば元素周期表が頭に浮かぶかも知れません。

ラドン（Rn）は原子番号86の自然界に微量に存在している放射線元素の一つです。この本に出てくるラドンはウラン系Rn-222を示していますが、同位体であるトリウム系トロン（Rn-220）とアクチニウム系アクチノン（Rn-218）が存在します。いずれも常温で気体であり、半減期はラドンが3・8日、トロンが55秒、アクチニウムが4秒です。ラドン温泉のラドンとは通常、Rn-222のことを示します。

気体の状態であるラドン（Rn-222）は、ラジウムが崩壊して生まれます。放射性元素の仲間であるというだけで危険な物質と勘違いされ、放射能アレルギーのある日本人に敬遠されるケースがありますが、実は人体への悪影響はほとんどありません。

そもそも、誰もが浴びている自然放射線のうち約半分がラドン（同位体を含む）由来なのですから、もしラドンが特別に危険な存在だったらそれこそ大変です。

ラドンの透過力（α線）は、紙1枚さえも通り抜けられないほど非常に弱いレベルです。透過力は「へなちょこ」と呼んでかまわないでしょう。しかも安定した元素（非活性ガス）ですから、体内で他の物質とこっそり化合して悪さをする物質に変身したり、体内に残ることもありません。しかもラドンは人の身体に入ってから30分間で90%、3時間で99%以上が呼気により体外へ追い出されてしまうのです。

ラジウムから生まれポロニウムに変化

ラジウムが崩壊して生まれるラドンもまた、α線を出しながらポロニウムという別の放射性元素に変化します。このポロニウムが人に悪影響を与える元素のため、まれにラドンとポロニウムを混同してしまい、「ラドンは危険」と注意喚起される方がいます。余計なお世話です。

先ほどの説明でも分かるように、体内に入ったラドンの99%以上が3時間で排出されます。ラドン(Rn-222)の半減期は3・8日ですから、ラドンからポロニウムに変化する頃にはラドンは身体から排出されていることになります。ラドンが人に悪影響を与えるチャンスはないのです。

ただし、ラドン（Rn-222）の同位体であるRn-220（トロン）は半減期が55秒と短く、身体で変化したポロニウムが残ってしまう確率が高いため注意が必要です。

ラドンの力はα線の強力な電離作用（イオン化作用）

ラドンの特徴は放出するα線の電離作用（イオン化作用）の強さにあります。ラドンが有している電離を起こす力は、自然界に存在している物質の中で最強です。

この強大な電離作用こそがラドンの持つ力なのです。人体の70％は水分で組成されていますから、体内に入ったラドンはα線を放出して水分を電離させます。水分の電離が起こると身体に悪影響を及ぼす活性酸素が発生しますが、このときに生体の防御スイッチがＯＮ（抗酸化作用）になり、結果的に健康に良い作用が働くことになります。

この全体の反応機構を「ホルミシス効果」と言いますが、詳しく知りたい方は別章をお読みくだされば理解が進むと思います。

さらに血液中に取り込まれたラドンは、細胞を活性化させ、代謝機能を高める効果を発揮するのです。

竜王ラドン温泉の安全性に疑いなし

ラドン温泉における湯治によって放射線による被爆事故があったという報告は過去に一度もありません。高濃度のラドンが自然発生している温泉地の周辺住民に対するモニタリング調査でも、一般地域と比較して過去に一度も異常値は認められていません。

それどころか、健康面ではモニタリング地区の数値は、平均値よりも良好なデータが出ているくらいです。

次の数値は、当館における一日の被爆量を1とした場合の一般的な被爆量を計算したものです。これからもラドン温泉の放射線が特別に危険なものではないことを理解して頂けるはずです。仮に、当館が危険というなら、病院のCT撮影は命がけと言わざるを得ません。

竜王ラドン温泉	1 μSv
胸部X線撮影	50 μSv
CT撮影	8250 μSv

それに、もしラドン温泉が人の健康に悪影響を与えるのであれば、竜王ラドン温泉では病気が治るどころか病人ばかりが発生する悲劇が生まれ、当館は

とっくの昔に消えてなくなっているでしょう。

当館の優れているところは、人工的に一定品質の新鮮なラドンを生成している「天然ラドン温泉」であることです。一定品質とは人体に無害なラドン（Rn-222）のみであること、新鮮なラドンとはポロニウムに遷移することのない生まれたてのラドンを意味しています。

そのラドンをそのまま浴室へ送っているのがラドン温泉ですから、いろいろな放射性元素が混ざっている自然界の温泉より、よほど安全と言っても良いでしょう。当館では毎日、ラドン発生器を停止させて吸入室内の空気を入れ替えています。これにより低いところに溜まっている古いラドン（年齢1日以内）をすべて排気しています。ポロニウムに変化する前に追い出してしまうのです。

体験例でもご紹介した通り、多くの難病患者が当館での湯治によって寛解している事実があります。お医者様に見放され、何年間も病に苦しんでいた患者さんが短期間で治癒した事実があります。この理由をラドン効果の他に求めることを私はできないのです。

それでは、竜王ラドン温泉で難病が治る理由とラドン効果について次章で詳しく説明します。

第7章

なぜ竜王ラドン温泉で次々に難病が治るのか？

病気を治す力は泉質ではなくラドン

この本を手にしてくださった方の中には、「どうして竜王ラドン温泉で難病が治るの？」と不思議に思われている方も多いでしょう。

これまでにも述べてきた通り、その理由は明確なのです。

当館にある※ラドン発生器の能力は医療機関と比較しても国内最大級の規模（もちろん当館は医療機関ではありません）です。世界を見渡しても人工的に同レベルのラドンを発生させている施設はまずありません。つまり、当館を訪

※当館のラドン発生器は医療機器ではありません。

れた方は、世界中にあるどのラドン施設へ行くよりも確実に十分すぎるほどのラドンを安定的に吸入することが可能になります。
ラドンの効果を十分に得るためには、その場所において十分なラドンを安定して浴びられるだけの量を確保できているかによるのです。

昔から湯治によって病気が治ることはよく知られていますが、どうして温泉で病気が治るのかは諸説あります。怪しげな説もあれば、そもそも病が治る温泉ばかりではありません。

私がたどり着いた「温泉で病気が治る理由」は、地下から自然発生しているラドンによる強力な電離作用（イオン化作用）にあると言うことです。ラドンは常温では気体の状態ですが、それが地中で温泉に溶け込んでいたり、ガスとして温泉と一緒に噴き出ていたりします。「この微量なラドンが皮膚や呼吸を通じて人の体内に吸収され、その強い電離作用で人体に良い効果を発揮している」。これが私の見解です。

ラドンによる効果は日本のみならず海外でも証明されています。もっとも有名なのはオーストリアにあるラドン治療施設です。この施設の利用は医療行為として健康保険の対象にさえなっているほどです。

温浴が身体に良いことは間違いないでしょう。温泉の成分もそれぞれ特有の効果を得られますが、それらは美容や保湿・保温の観点からに過ぎません。お医者様でさえ見放した患者の病を治してしまうような力は、泉質の成分ではなく、放射性元素であるラドンにあるのだと考えられます。そして、ラドンの濃度の差こそが病気に効果があるかないかの差になっていると確信しています。

この点では、温泉法が示す温泉基準と病を治す力にはあまり関係性がありません。温泉だから治るのではなく、ラドンがあるから治るのです。

こうしたラドンによる素晴らしい効果を人工的に作り出しているのがラドン

フロント前に設置された業務用大型ラドン発生器

発生器です。先にも紹介したように、当館には６台もの業務用大型ラドン発生器が設置されています。それらを合計したラドンの生成能力は１２００ベクレルに達します。これは大学病院などの医療機関を含めてもぶっちぎりの日本一です。

当館のフロントの反対側に設置されている６台の業務用大型ラドン発生器は、１２００ベクレルの高濃度ラドン（気体）を安定的に作り出す能力があります。実はこれは自然界にある温泉では真似のできないくらいに大きな能力です。天然温泉で発生するラドンの発生量は安定せず、日本全体では減少傾向にあります。また、自然界の温泉では、ラドン（Rn-222）と同時に有害なだけの放射性物質も出てくることがあります。ラドン効果に限定するのであれば、天然温泉よりもラドン温泉（ラドン温泉の定義は１０３頁参照）の方が確実に優れていると断言できます。

ラドン発生器ってどんなものなの？

当館にあるラドン発生器は、消火栓ボックスのような鉄の箱にいくつかのメーターが付いた外観です。一か所にこんなに多くのラドン発生器が並んでいるのは当館だけです。

鉄の箱の中に入っているのはジェラルミンで作られた反応容器です。容器の中にはラドンを発生する放射性元素であるラジウム鉱石が小さく砕かれた状態でびっしりと収まっています。このラジウムが崩壊してラドン（Rn-222）を発生しているのですが、自然界ではラドン同位体やβ線、γ線など人体に害を及ぼす余計なものがいろいろと出てきてしまいます。ラドン発生器は人工的にラドン（Rn-222）のみを取り出すことによって、安全で管理された濃度のラドンを安定して送り出しているのです。

失われつつある天然温泉のラドン

難病に効果があるとの評価を得ている三朝温泉（鳥取県）では、かつて天然温泉としてのトロン濃度は世界トップクラスでしたが、今や枯渇寸前とされています。当時と比べてラドン量は大幅に減少してしまい、従前のような治療効果が期待できなくなっているのが実態です。三朝温泉のラドン濃度は現在、当館の20％くらいしかありません。

また、がんに効くとして有名な玉川温泉（秋田県）では、ラドンの濃度が日によって大きく変動することが分かっています。これはラドンによる効果が日によって大きく異なることを示しています。まったくラドンが出ていない日もあるくらいですから、運が悪いとラドン効果を得られないことになります。三朝温泉や玉川温泉が持っている効能はラドンだけではありませんが、病を癒す能力については不安定と言えます。

最近の測量結果によれば、日本国内のラドン濃度は低下傾向にあります。逆に大気中のラドン濃度は上昇しており、これは地球温暖化の影響で地中のラドンが大気中へ放出されているのではないかと考えられています。

もし、巨大地震発生前の一時的な変化でなければ（ラドン濃度の変化をモニタリングして地震予知をする研究が行われています）、近い将来には日本から天然の放射能泉は消えてしまうことも考えられます。いずれにしても、自然界の現象ですから人知の及ぶところではありません。

いまや数か所に減ってしまった日本の放射能泉

私の知る限りでは、日本の天然温泉のなかで浴槽におけるラドン濃度が十分に安定しているのは、山梨県にある増冨温泉（ラジウム）など数か所のみです。他にも源泉濃度の高い放射能泉はありますが、浴槽に届くまでの経路で減ってしまい、浴槽における濃度が基準値をクリアしていない可能性が指摘されています（温泉法では源泉における濃度が基準を超えていれば問題ないことになっています）。

気体であるラドンは温泉（お湯）に溶け込んだ段階で濃度が大きく低下します。仮に、地中では高濃度のラドンがある場合でも、浴槽に届く間でほとんど消えていることが多いのです。

温泉名(橙色実測)	浴槽上 Rn (Bq)	1回あたり (分)	1日あたり 入浴時間
山梨　竜王ラドン温泉	777-(1000)	10	0.50
山梨　増富ラジウム温泉　不老閣　岩風呂	666	15	0.75
不老閣　内風呂	42	238	11.90
岐阜　湯之島ラジウム鉱泉ロウソク温泉	260	38	1.92
鳥取　三朝温泉大橋旅館	132	76	3.79
新潟　村杉温泉共同湯	390	26	1.28
山口　億金温泉2号泉深谷峡温泉	68	147	7.35
新潟　村杉温泉3号井長生館	60	167	8.33
鳥取　三朝温泉木屋旅館枕湯{オンドル<15}	46	217	10.87
島根　池田ラジウム鉱泉3号泉放泉閣(62000)	36	278	13.89
広島　潮原温泉松かわ	22	455	22.73
広島　おおあさ鳴滝露天温泉	17	588	29.41
福島　霊泉やわらぎの湯	15	667	33.33
広島　田原温泉5000年風呂　**{15Bq未満0}**	13	769	38.46
広島　羅漢温泉スパ羅漢　↓	12	833	41.67
広島　せら香遊ランド香遊温泉	12	833	41.67
新潟　栃尾又温泉	10	1000	50.00
岡山　あわくら温泉黄金泉	9	1111	55.56
三重　希望荘	9	1111	55.56
鹿児島　猿が城温泉	9	1111	**55.56**
福岡　柿下温泉	8	1250	62.50
広島　賀茂の里温泉	8	1250	62.50
山口　石船温泉	8	1250	62.50
滋賀　ずいかくの湯	8	1250	62.50
佐賀　熊の川温泉	7	1429	71.43
兵庫　有馬温泉銀泉	4	2500	125.00
愛知　猿投温泉ホテル金泉閣	4	2500	**125.00**
福島　母畑温泉八幡屋	4	2500	125.00
岡山　蒜山ラドン温泉	4	2500	125.00
新潟　出湯温泉	4	2500	125.00
大阪　松葉温泉	3	3333	**166.67**
福島　猫啼温泉	2	5000	250.00
長野　馬羅尾天狗岩温泉すずむし荘	2	5000	250.00
福島　片倉温泉薬王館	2	5000	250.00
山梨　増富ラジウム温泉金泉	2	5000	**250.00**
愛媛　湯ノ浦温泉	2	5000	250.00
佐賀　基山ラジウム温泉	2	5000	250.00
福島　母畑温泉ホテル下の湯	2	5000	250.00
新潟　今板温泉	1	10000	500.00
秋田　玉川温泉(0)・岩盤浴テント内(<15)	0	#DIV/0!	**#DIV/O!**

日本各地の温泉に含まれるラドンの量は温泉分析書により公開されています

一方、呼気から身体に取り込めるラドンの量は、皮膚から吸収される量と比べて圧倒的に多いことが確認されています。呼気から入ったラドンは血液にのって身体の隅々でα線を放出しながら電離作用を促します。α線は非常に弱い放射線ですが、電離密度が大きく（同じように物質を直接電離させるβ線の数百倍）、細胞を活性化させながら熱を放出します。身体の内部から発汗作用が起こるのはこのα線が熱源になっているためです。

日本にある放射能泉とラドン温泉のなかで、今後とも浴槽で111ベクレルを維持できると考えられるのは当館・竜王ラドン温泉と増富温泉くらいではないでしょうか。

そして、ラドン発生器で生成したラドンを気体のまま吸入室内に充満させることがもっとも効率的にラドンを体内に取り込める方法なのです。

ラドン施設の中に「ホルミシスルーム」というものがあります。（＊ホルミ

シス効果は別章で詳しく説明してありますので関心のある方はそちらもお読みください）

ホルミシスルームはクリニックなどで時々見かけることがありますが、このホルミシスルームの効果も原理としては確立されてはいますが、実際に効果があるかどうかは実に怪しいと言わざるを得ません。

ホルミシスルームは部屋を囲む壁や床・天井材にラドンを発生させるラジウムを混ぜ、そこから発生するラドンを室内で浴びる（吸う）ことでラドンの効果を得る仕組みなのですが、建材に含まれている鉱石が精錬されたピュアなラジウム（厳密にはRa-226）とは限りません。この場合、ラドン（Rn-222）だけが安定して発生しているとは考えられませんから、仮にラドンが発生していたとしても、有害なβ線やγ線も同時に放射されている可能性があります。また、壁材を作成した時点でラドンの発生量を管理出来なくなりますから、部屋内のラドン濃度を一定に保つこともかなり難しくなります。室内のラドン年齢

（発生からの経過時間）もよく分からないでしょう。

実際に効き目があるだけのラドンを吸収できるのかどうかは、部屋に入って発汗があるかどうかで確認できます。ただし、その場合でもRn-222とは異なる放射性元素を浴びてしまう可能性を否定できません。

竜王ラドン温泉のラドン発生能力

当館では業務用大型ラドン発生器を用いて生成させた高濃度のラドンを吸入室に安定的に送り込むことで、ラドン温泉の利用者が短時間で効果的にラドンを吸収できる仕組みを作り上げています。

当館のラドン発生器の能力は、仮に吸入室の浴槽に10人が入った場合でも、「鬼速10分湯治」によって医療的に十分なラドンを取り込めるように設計しています。ラドンは人に吸収された分だけ吸入室から減ることになりますが、常に新鮮なラドンが供給されているため、一日あたりの入浴者数が１０００人を超えない範囲であれば同じ効果を担保できるのです。

機械で人工的に生成しているラドンだからこそ、天候や日時によってラドン濃度が変わることはありません。安定した高濃度のラドンを天然温泉と共に提供できるのが当館の強みと言えます。

これまでにお話しした通り、天然の温泉から出てくるラドンの量は日々変化します。人体への影響が小さいα線だけでなく、非常に有害なβ線やγ線を出すものも混ざっています。このため、ラドンのもたらす効能だけを求めるのであれば、天然の放射能泉より安全であり、効果が安定している当館が最適と言えます。どのようなものでも常に天然が優れているとは限らないのです。

体験記でも紹介されていますが、当館ではお客様に「1回の入浴時間の目安を約10分にしてください」とお伝えしています。私たちはこれを『鬼速10分湯治』とご案内しているのですが、一日に鬼速を3回ほどで十分なラドン効果が享受できます。もちろん、一日3回に限らず入浴回数を増やして頂いても問題はありません。

ところで、ラドン効果のみを標榜するのであれば小型発生器が1台でもあればラドン施設の看板を掲げることは可能です。濃度は小さくてもラドンはあるのですからラドン温泉と言って違いはありません。ただ、ラドン効果を得るために必要な時間が長くなりますから温泉に浸かるような使い方では難しくなります。

実際、日本にあるラドン施設のうち、1回あたりわずか10分でＯＫと言い切れるだけのラドン発生装置を保有しているのは当館の他に存在しません。大量にラドンを発生させる能力を備えた当館だからこそ、一日に１０００人が利用したとしても、鬼速10分湯治でラドン効果をしっかり享受できるのです。

竜王ラドン温泉の目的はただ一つ！

温泉法によれば、温泉中に111ベクレル以上のラドンが含まれていれば放射能泉となり適応症を表記してよいことになっています。つまり、ラドン濃度が111ベクレルを超えていれば、名目上は「適応症に効用が期待できます」と言ってもよいでしょう。また、温泉と名乗るだけであれば74ベクレル以上のラドン濃度があれば問題ありません。

竜王ラドン温泉は天然温泉＋ラドン発生器による天然ラドン温泉です。放射能泉の基準を十分に上回る効能を有していますが、先代も私も看板を掲げることへのこだわりは一切ありませんでした。

開業当時から私たちは、ココが温泉かどうかについて関心はありませんでした。まして放射能泉かどうかなんて考えたこともありませんでした。私たちが気にかけていたことはただひとつ「病気を癒やせるかどうか」にありました。

医者でも医療機関でもないくせにです。

私たちにとっては、ラドン効果によって病気を改善して帰ってもらうことがただ一つの目的であり喜びだったのです。私たちの存在意義でもありました。

業務用大型ラドン発生器を6台も設置したワケ

これは当館をオープンする前の話です。

放射線医学に詳しい著名な研究者の知己を得た父は、その研究者に「医療機関(病院)と同じだけの効果をお客様に提供するには、何台のラドン発生器が必要になりますか?」と素朴な質問をしました。いかにも素人らしい質問と言われそうですが、どんなものでも「本物」を目指した父らしい質問でもありました。

その質問に対して研究者からは「そこまでのレベルを目指したいのなら、業務用大型タイプのラドン発生器が6台必要です」という回答を得たのです。その後、父と私は躊躇せず6台のラドン発生器を発注しました。しかも購入賃金はすべて借金で賄ったのです。

ここからはやや専門的な話になりますが、「医療的な効果」を期待するためにラドン温泉に入浴する際の基準は、2000ベクレル×5分間です。これは人がラドンを吸収する場所での濃度ですから、浴槽における濃度が2000ベクレルのラドン温泉に5分間いれば医療的な効果を獲得できることになります。

言い換えれば、ラドンによるα放射線治療の効果を得るための基準値は、「2000ベクレル×5分間」と考えればよいでしょう。

これをもとに当館では、一日あたり1000人を受け入れるために、現在も保有する業務用大型タイプのラドン発生器を6台導入したのです。

当時で1台2500万円もする業務用大型のラドン発生器をいきなり6台も導入した理由がここにあります。当館の目的は当初から、ブームに乗っかったラドン施設を作ることではなく、病気を癒やせる「本物」のラドン温泉を作ることだったのです。

当館が保有しているラドン発生器は1台あたり1時間で200ベクレルのラドンを生成します。これが6台ですから、フル稼働させれば1時間あたり1200ベクレルもの大量のラドンを供給することが可能です。

もし当館のラドン発生器が3台であれば生成されるラドンは半分になりますから、1回あたり2倍の入浴時間がかかります。そうなると1日に受け入れられる人数は500人という計算になります。

『数量（濃度）×滞在時間＝効果（ラドン吸収量）』とイメージして頂けると理解しやすいでしょう。

ラドンは気体のまま届けるべし

ラドンをお湯や水に溶かすと極端に濃度が低下することが分かっています。このため、発生器で作られたラドンは気体のまま密閉された吸入室へ送り届けます。お湯に溶かして送ることはナンセンスなのです。それでも目減りしてしまうラドンがあるため、発生器のところで1200ベクレルあったラドンは、吸入室内での計測では最大でも1000ベクレル（浴槽）まで減ってしまいます。浴槽の底からボコボコと出ているのがラドン（気体）です。

賢明な読者は、もうお分かりになったのではないでしょうか。ラドン施設といっても、効果があるかないかは「ラドンの量」に拠るのです。果汁がたった1%でも果汁入り飲料として販売できるのと同じように、わずかなラドン濃度でもラドン温泉に変わりありません。正確にはラドン入り温泉とでも呼べばよいのでしょうか。

ラドン発生器のところのラドン濃度と浴槽でのラドン濃度がかなり違っていることはお伝えした通りです。これがお湯に溶けた状態で送られるとラドンはさらに目減りします。

放射能泉として認定されている天然温泉のラドン量についても、どこで測定したかで実態が大きく異なります。つまり、源泉で計測するラドン濃度と浴槽で計測するのでは全然違う濃度になります。水溶すると激減するのですから気体で送った場合とは比べものにならないほど激減します。

また、いくらラドンが空気より重くても（ラドンは希ガスでは一番重い）、密閉されていない露天風呂や開放的な作りの浴場ではラドンは霧散しているはずです。

仮に源泉のところで十分なラドン濃度があったとしても、実際にラドンを取り込むときには効果を期待できるほどのラドンが残っていないケースが多くあるのです。ラドンの効果をしっかり届けるためには気体（ガス）のまま浴槽へ、極論するならば入浴客の目の前まで届けるしかありません。

ところで、ラドンを水溶させると激減すると書きましたが、実際にどれくらい減っているのでしょうか。源泉と浴槽のラドン濃度を調べたデータからは驚愕の数値を読みとることができます。

ラドン開発事業団の調査によると、源泉濃度を100％とする場合、浴槽で計測される濃度が0・5～5％しかありませんでした。この事実を知る人はほとんどいません。ラドンが源泉から浴槽に届くまでに、99％以上も減っている温泉があるのです。これではもはや放射能泉としての効能は期待できるはずがありません。

しかし、公表されている放射能泉のラドン濃度は、源泉で測定されているものがほとんどです。温泉法にはどこで測るかの規定がありませんから、通常は濃度の高い源泉で測定しようと考えるのは当然のことです。放射能泉のほとんどは源泉での測定値（実際に利用する際の濃度ではない）を採用しているのですから、実際の浴槽での濃度が公表値をはるかに下回っている（温泉によってはほぼゼロになっている）ことは明らかでしょう。放射能泉に指定されている温泉のうち、いったいどれだけの施設が実態としての能力を保有しているかは推して知るべしなのです。

ラドンが効くかどうかは利用してみればすぐにわかる！

商売上でラドン温泉と名乗るだけであれば、ラドン発生器が1台だけでも看板を掲げることは可能です。これは嘘でも騙しでもありませんし、ラドン温泉に限らず、いまあるラドン施設はそういったところが多くあります。一定の効果があるかないかは関係ないのです。ホルミシスルームも怪しいものばかりです。

ラドン（気体）は無色無臭ですから、効くか効かないかは利用してみないと分からないのが困った点でもあります。その代わりに利用してみればラドンの有無はすぐに分かります。しばらく時間が経っても発汗がなければラドン効果はなく、ラドンそのものがないと分かるワケです。

たとえ僅かでも発汗が見られるのであれば、濃度は薄くてもラドンがありますから時間をかければ効果は得られます。ただ、決められた時間で満足できるラドン効果を得られるかどうかは別の話です。

少し余談ですが、全国的にも有名なある温泉が竜王ラドン温泉の「鬼速10分湯治」と同じラドン効果を得ようとすれば、2500分間も時間をかける必要があります。これでは実際に当館と同じ効果を得るのは不可能です。

当時ブームだったラドン温泉について世間では、ラドン施設は第二の病院だとの期待や認識が浸透していました。私たちは自らそれを具現化させるために発生器に1億5千万円（当時）もの莫大な投資を決めたのです。一人でも多くの難病患者のお役に立ちたいと、父と私の思いがなければ当館がいまも世界有数のラドン施設であり続けることはなかったでしょう。体裁だけを整えたラドン施設がいくら言い張っても、そのラドン施設では難病患者は治らないのです。

どうぞ当館にお越しになって体感してみてください。当館へ湯治に来られたお客様が次々と難病から回復されている理由がお分かりになること請け合いです。

ラドンの効果を知っているからこそ伝えたい大切なこと

ここから私が述べる話は、竜王ラドン温泉の経営者という立場を考えるなら、「わざわざ言う必要のない話」かもしれません。

それは、「私の病気を治せるのは天然ラドン温泉しかない」と盲目的な考え方をしていただきたくないということです。

この本の冒頭にも書きましたが、竜王ラドン温泉は医療施設ではありません。医師も看護師もいません。そして、現代の医学は日々ものすごい勢いで進歩しています。難病で苦しんでいる方は、ぜひいろいろな治療法を探す努力を捨てないでいただきたいのです。

病気の痛さや死への恐怖から、国が認可していない治療法や民間療法に手を出す気持ちはよくわかります。

難病に苦しんでいる方に、ぜひ当館の天然ラドン温泉を試してほしいという気持ちに嘘はありません。ここまで本書をお読みの方なら、実際に効果があることも理解していただいていると思います。

それでも、余命を宣告されるほどの病気と不安を抱えた方やその家族の方に、私は決して「竜王ラドン温泉なら必ず治ります」とは言いきることはしません。

有名人が亡くなると、最期はこんな民間療法を取り入れていた、こんな薬を処方していたなどと週刊誌が報道することがあります。その中にはどうみても怪しい治療法や新興宗教のインチキな教義としか思えない治療法が紹介されている場合が度々あります。もはや治療法とさえ呼べないものまであります。そのような記事を目にするたび、「どうしてそれだけに頼ってしまったのだろう」と悲しく、悔しい気持ちになります。

どんな名医も、「私なら必ず治せます」と言わないはずです。現代医学の素晴らしさを知ると同時に最新医学でもまだ治せない病気があることを自覚されているからです。

ましてや私は医師でも医療関係者でもありません。しかし「湯治のプロ」の責任として、ラドン温泉以外にも、効果のある病気の治療法があることを読者のみなさんにお伝えしておきたいと思うのです。

第8章

ラドン療養で世界に伍した
安倍元首相

首相公邸に持ち込まれたラドン吸入器

憲政史上もっとも長く総理の椅子に座った安倍元首相ですが、第一次内閣の時に持病であった解離性大腸炎の悪化により健康不安説が急浮上しました。これをマスコミの報道を通じて多くの国民が知るところとなり、第一次安倍内閣はこれが原因で退陣に追い込まれたことは皆さんもご存じだと思います。

それから数年後、東日本大震災の翌年となる２０１２年に第二次安倍政権が誕生しました。このときまでに安倍元首相は難病を克服し、周囲の心配をよそに健康不安を表面化させることはありませんでした。

この第二次安倍政権時代の安倍元首相を支えていたのが、なんとラドン吸入器なのです。第一次安倍内閣の退陣後、安倍元首相は人工的にラドンを発生させるための医療装置を自宅に導入して体調回復に役立てていたのです。

第二次安倍政権時、そのラドン吸入器を安倍元首相は総理公邸に持ち込んでいたことが週刊誌で報道されて話題になりました。これは安倍元首相自身の強い希望だったのですが、永田町界隈では、「そこまでしなければダメなのか？」というような否定的な見方もありました。その一方で「安倍さんを復活させたのは、あのラドンだったのか！」と噂になり、再びラドン温泉に世間の注目が集まるようになったのです。

難病を抑え込んだラドンパワー

安倍元首相のラドン吸入器公邸持ち込みのニュースは瞬く間に日本中に知れ渡り、福島第一原発の事故によるひどい風評被害に見舞われていた当時の竜王ラドン温泉にとって、奇跡のような追い風になりました。

どん底だった来客数は瞬く間に回復の兆しを見せはじめ、数年後の北野武監督の記者会見も話題となって、当館を窮地から救ってくれることになったのです。

第一次安倍内閣のときだって、日本の現役首相のために大勢の優秀な医者たちが病状緩和のために尽くしたはずです。それでも総理の座を追われるほどに体調を悪化させていた難病を押さえ込んだのがラドンパワーだったのです。

その後、長期安定政権を築き、地球を俯瞰する力強い外交を展開していた安倍元首相ですが、優れた外交力で世界に伍せたのは、ラドンが縁の下の力持ちだったからかも知れません。

実は安倍元首相だけではありません。ラドンの効果を確信して当館を訪れている有名人がたくさんいらっしゃいます。ファンの方がいらっしゃるとご迷惑をおかけするので、本書にお名前は書けませんが、当館は大勢の著名な方々からもご支持いただだいているのです。

第9章

世界のラドン温泉事情

中世から続くガシュタイン渓谷の温泉事情

ヨーロッパでも古くから温泉の効能はよく知られていました。ローマ時代には戦いで傷ついた兵士が温泉で療養していたことが記録されています。

庶民の間にも温泉の利用が広まった中世には、宗教的な制約から温泉施設が廃止される時期もありましたが、近代に入ると温泉治療の効果が見直されるようになり、現在ではドイツなど複数の国で健康保険の適用対象にさえなっています。

ヨーロッパで温泉と言えばそもそも「治療」（湯治）が目的であり、温泉治療の専門資格をもった医者が存在しています。実は日本のように「観光」を主目的として温泉が利用されるケースはあまりないのです。

オーストリア・ザルツブルグ州にあるガシュタイン渓谷は古くから温泉治療が行われていた保養地として知られています。この渓谷の奥まったところにあるバド・ガシュタインは、アルプスの山々から湧き出る毎分500万キロリットルもの温泉に支えられ、いまでは温泉リゾートとして発展しています。

そして、このガシュタイン渓谷は、世界で初めてラドン効果が確認された場所でもあるのです。

オーストリアの坑道にある有名なラドン施設

バド・ガシュタインよりも少し奥に、廃鉱となった金鉱山があるのですが、

第二次大戦中のある時期、ドイツ軍が金鉱山の採掘を再開させようとしたことがありました。そのときのことです。坑道内の一部エリアで働いていた鉱夫たちの病気が改善されていくことが知れ渡り、戦後、改めてこの坑道を調査したところ、坑道内のあるエリアのラドン濃度が非常に高いことが判明しました。

ハイルシュトレインと呼ばれる坑道跡のラドン治療施設は現在、ドイツとオーストリアでは公式に保険の適用対象になっています。保険が利くということは、ちゃんと医師が常駐して診療を行い、医師による指導や計画にもとづいた「医療行為」としてラドン治療が行われているのです。

この2つの国では年間7万5千人もの患者が保険適用でラドン治療を受けており、一般的な治療スタイルとしては、ラドン濃度の高いトンネル内で1週間に2〜3日のペースを1サイクルとして全体で3〜4週間かけて行われています。

ハイルシュトレインにおけるラドンの効果に関する研究が進んだ結果、現在では多くの症例に効果があると医学的にも証明されているのです。ヨーロッパではこの他にも、フランス、イタリアやウクライナなどに医療機関として運営されているラドン施設があります。

このハイルシュトレインの坑道の形状からインスピレーションを得たのが千葉ラドン温泉会館のラドン吸入室であり、当館が参考にした形状でもあります。

ホルミシス効果を知っていますか？

ホルミシス効果。聞き慣れない言葉ですが、少ないストレスや毒であればむしろ健康に良い結果を及ぼすという意味です。大量に使うと危険。でも少量なら逆に健康に良い効果をもたらす現象のことです。

放射線の場合、大量に浴びれば死に至ることが知られていますが、微量であれば健康を促進する効果があることが分かっています。

海外ではまさにガシュタイン渓谷が良い例です。そして、竜王ラドン温泉もまったく同じなのです。世間でよく言われる「薬にも毒にもなる」を、うまくコントロールして薬になるように利用しているわけです。

もう一つ別の角度からお話ししましょう。トマトの栽培農家が甘いトマトを作るためにわざと少しのストレスをトマトに与える（＝水の量を減らすなど）ことをご存じでしょうか。生命は小さなストレスにさらされると自分を守ろうとして修復機能や免疫機能が高まることが知られています。トマトの場合は水分を減らされると根を伸ばして何とかしようと頑張りつつ、一方では体内に栄養を蓄えて危険に備えようとします。この結果、糖度が高くなり、風味が増す効果が生まれるのです。ホルミシス効果とは少し違いますが、生命が生き延びようとする観点からは同じような作用だと言えます。

病院で処方される薬にも同じことが言えます。薬を大量に、一気に飲んでしまえば毒になってしまいますが、少なすぎると効き目がありません。用法用量を丁寧に守ってこそ効果が発揮されるのです。

余談ですが、百薬の長であるお酒にも同じ効果が期待できるのではないでしょうか。人も甘やかすだけでは立派な大人には育ちません。

病気も老化もない「老いなき世界」

私たちの身体は60兆個もの細胞でできています。いきなり60兆個と言われても想像がつきません。

たくさんの細胞がひとかたまりになっている私たちの身体ですが、元は、お母さんのおなかの中にある「受精卵」というたったひとつの細胞から始まっています。このたったひとつの受精卵を元に、細胞分裂を繰り返すことにより「赤ちゃん」になり、生まれてからもさらに細胞は増え続け、最終的に60兆個もの細胞が集まって「ヒト」を創るのです。

私たちの身体を構成する60兆個の細胞たちはそのどれもが、大切な役割を担っています。これらの細胞は役割によって約270種類に分けられると言われています。身近な例では次のような細胞があります。

・身体の中と外とを隔てる「バリア」としての役割を持っている皮膚細胞。
・まわりの細胞たちと協力して「身体を動かす」しくみを作っている筋肉細胞。
・痛みなどの感覚を脳に伝え、脳の「指令を身体の隅々に伝える」神経細胞。
・いろいろな物質を作り出し、身体の中に入ってきた不要な物質や毒物を分解してくれる、まるで「化学工場」みたいな肝臓細胞。
・病気やウイルスから「身を守る」免疫細胞。

などなど、細胞は数が多いだけでなく、その役割の多さにも驚かされてしまいます。

しかしながら、これらの細胞もやがて年齢とともに衰えていきます。それはヒトだけではありません。〝老化〟は加齢に伴う生体機能の低下であり、あらゆる生き物で起こります。

生体機能とは筋力、神経伝導速度、肺活量、病気に対する抵抗力などを意味します。加齢に伴うこのような機能の低下は、動物では一般的に生殖年齢に達したあとに始まり、始まる時期にこそ多少の差はあるにしろ必ず起こります。ヒトの場合、20歳から30歳頃に老化が始まるとされています。ここで注意していただきたいのは、「老化」そのものは病気ではありませんが、「加齢は疾患の最大の危険因子」であるという点です。

この細胞の老化に対して、強力な電離作用で対抗できるのが「ラドン」です。これこそが、ラドンが「万病に効く」と言われる所以なのです。ラドンのもつ強力な電離作用は、老化予防、若返り、免疫細胞の活性化に大きな役割を果たします。こうしたラドンの効果は、「多くの組織・臓器で抗酸化機能が亢進する」といった表現で、研究の成果が発表されてきました。

「ラドン療法」は『アルファ線療法』の一種

病気などに有効なアルファ線のみを取り出し治療する放射線治療の一種にアルファ線療法があります。

アルファ線療法の特徴は次のように説明されています。

【β線よりも飛程（＝浸透する深さ）が小さく、細胞傷害性が大きいため、少ない副作用で大きな治療効果が得られる】

つまり、治療したい細胞の周辺にある、関係のない正常な細胞を傷つける危険性が小さい一方で、アルファ線で患部を効果的に攻撃できるのです。

アルファ線とは、陽子2個と中性子2個からなるヘリウム原子核が高速で飛び出したもので、透過力がもっとも弱く、紙ですら通り抜けられません。そのため、皮膚の角質層（皮膚表面の死んだ細胞の層）を透過できず、アルファ線を外部被ばくしても体内への影響は問題になりません。

そして、ラドン療法は、ラドン（Rn-222）を含んでいるラジウム温泉・ラドン温泉に入浴、あるいはラドンを吸入することによって体調を整え、傷、疾病などの軽快を目的とした療法です。

一方で、ウラン鉱石によるアルファ線療法を行なっているクリニックが、間違ってラドン療法と表記しているケースが増加していますが、これらは「ラドン療法」とは異なるものです。

先ほどの説明にもあるように、ラドン療法とはRn-222から放出されるアルファ線のみを使った療法です。いろいろな放射線を放出するウラン鉱石を使った療法はラドン療法ではありません。

父とめざした本気の温泉

代々続く農家であった早川家の嫡男であったにもかかわらず、野良仕事が嫌だという理由で実業の道に入り、竜王ラドン温泉の創業者となった父と私が大きな借金をして購入した6台の業務用大型ラドン発生器。当時の金額で1億5千万円もの装置を買ってしまおうと決断させたのは「本物志向」の考え方でした。

医療機関（病院）と同じだけの効果を提供するには、業務用の大型ラドン発生器6台の体制が必要と知った父と私は借金までして機械を導入しました。

ラドン温泉を商売にするのであれば、湯治にいらしたお客様に病気を治してもらわなければ意味がありません。そのためには大学病院にも負けないだけの設備を揃えるのが当然であって、それが出来ないならラドンで商売はやるべきではないと考えたのです。

当時の父と私の間では、まずは半分の3台だけ導入しようとか、1台でもラドン温泉ですと宣伝できるのだからいいではないかといった上っ面の話は不思議と出ませんでした。

日本中、集客規模に見合わない小さなラドン発生器を導入してラドン温泉を名乗っている施設ばかりでしたが、私たちはそんな妥協すら思いつきませんでした。

ラドン温泉ブームがあまりに過熱し過ぎた結果、詐欺まがいの偽商品もいろいろと出回ったのは本書で触れた通りです。時代の波に乗ろうといろいろな新

開業直後の先代と私。武田神社へ商売繁盛祈願に

事業に乗り出すときも、いつも父と私の根底にあったのは「本物を提供したい」という、バカが付くほどの実直さでした。

源泉とラドン発生器が開業以来ずっと当館を支える屋台骨であり続けていることは紛れもない事実です。

先代がこの竜王に広大な土地を手に入れず、良質な温泉を掘り当てていなければ（当初の目的は錦鯉だったのですが）、そして初期投資としてありえない規模のラドン発生器を手に入れていなければ、いまの竜王ラドン温泉はありません。

危機を乗り切るために健康ランドを始めるときも、ただお客様が集まればいいとの考えもありませんでした。会社の危機を乗り切るために集客の軸足をインバウンドと国内の湯治客の二本立てに切り替えたときも、常に頭にあったのは「日本一の温泉を提供するのだ」といった意気込みでした。

私は学生時代に足を踏み入れて以来、温泉一筋に半世紀、仕事は温泉にまつわることとしかしたことがありません。先代が残した遺産を大切にしながら、当館を守っていかねばなりません。

二人三脚で描く未来図、日本一の温泉

現在、父と始めたラドン温泉事業は、息子と私の二人三脚にバトンタッチさ

れています。かつては私の右足を繋いでいた二人三脚の紐はいま、左足で息子と結ぶ役目を果たしています。彼が家業に加わるきっかけが令和元年の妻（彼にとっては母親）の死去だったことは、思えば私が会社に参画したときとよく似ています。

これからの竜王ラドン温泉の未来図は次世代を担う息子と共に描くことになるのですが、私は随分と遠回りをして「ラドンの力でお客様を健康にする」原点に戻ってきました。

新たな二人三脚は会社の存続すら危ぶまれていた非常に厳しい地点からスタートしましたが、「原点回帰宣言」以降、業績は着実に上向き、令和4年（2022年）にはインバウンドがゼロにもかかわらず下期だけでコロナ前の売り上げを達成し、債権の買い戻しにも漕ぎつけたのでした。

竜王ラドン温泉のこれからの構想は、ここにしかない優位性を活かせる方向でなければなりません。ラドン発生器の能力にはまだまだ余裕があります。もし、来客数が一段と増えて6台のラドン発生器では足りない事態となれば、確保できている予備の発生器を投入することも出来ます。

具体的な案としては、湯治にいらっしゃるお客様が気兼ねなく長期滞在できるような部屋数を確保したいと考えています。いまの旅館のスタイルにこだわらず、素泊まりや自炊が選択肢にあっても良いと思っています。当面は地上10階建ての新しい宿泊施設を建設するのが目標です。

仕事で山梨県まで出張に来られる方々が、ビジネスホテル代わりに当館を利用され、ラドン温泉に浸かって心身ともに癒やされて仕事に戻っていける存在になることも1つの目指すべき姿です。ラドン温泉には鬱にも効果があるからです。

都市部には源泉から輸送されたお湯を溜めた大浴場を看板商品にしているビジネスホテルもあります。それならば鮮度バツグンの天然ラドン温泉には負ける要素はありません。

また、開業時に千葉のラドン温泉会館を参考にさせて頂いたように、湯治場としてしっかりとした運営が行われている施設を手本とする謙虚さも取り入れたいと思います。

実際にお手本にしたい施設もあります。たとえば、個別の健康相談に応じられる態勢を作り、客数の着実な伸びに合わせて施設を拡張している玉川温泉（秋田県）がそうです。ここは竜王ラドン温泉と同様に本気の湯治を売りにしている温泉です。

また、同じ山梨県内にある増富温泉にも学ぶべきものがたくさんあります。たとえば増富温泉がリピーターのお客様向けに作成している手作り新聞を通じた情報発信は非常に素晴らしい取り組みだと感じています。個別のツールで密接に繋がっているお客様は、コロナ禍のような異常事態が発生しても大きな変動を見せないからです。

これからの情報発信と顧客管理は、ＬＩＮＥのようなＳＮＳを積極的に利用する手法にも関心があります。当館のウェブサイトと合わせ、コスト面や管理面においても有効だと感じています。

来年（2026年）、竜王ラドン温泉は会社設立80周年を迎えます。

実は創業当時から父も私も「日本一を目指そう」とよく口にしていました。

しかし、「どのような日本一なのか」がずっと明確でなかったように思います。

原点回帰した今なら言えます。

竜王ラドン温泉は「日本で一番病気の治る温泉」を目指します。

私たちが掲げる理想の追求はこれからも続きます。

著者

｜著者プロフィール｜

早川 善輝（はやかわ よしてる）

竜王ラドン温泉　株式会社湯ーとぴあ代表取締役
1958年、山梨県生まれ。

専修大学在学中に父親と一緒に温泉施設を起業。

1977年に竜王ラドン温泉を開設し、1989年には株式会社湯ーとぴあの代表取締役に就任。

日本のここにしかない高い濃度の業務用大型ラドン発生器を導入し、生まれたてのラドンを用いたラドン温泉と100%かけ流しの天然温泉との高い相乗効果を提供している。

竜王ラドン温泉
〒400-0113　山梨県甲斐市富竹新田1300-1

【ホームページ】　https://u-u.co.jp

【公式LINE】

企画	新保勝則
編集協力	砂田慎一朗
法律監修	河野冬樹（法律事務所アルシエン）
イラスト	ニシカワシノ
表紙撮影	柴垣弘輝
ブックデザイン	bookwall
DTP	初雪デザイン
校閲	若林智之

日本一の温泉をつくろう！

2025年1月10日　初版第１刷発行

著者　早川善輝　©Y.Hayakawa 2025

発行　合同会社 オールズバーグ
〒107-0062　東京都港区南青山2-2-15
https://allsburg.co.jp/

発売　株式会社 扶桑社
〒105-8070　東京都港区芝浦1-1-1　浜松町ビルディング
電話03-6368-8891（郵便室）
www.fusosha.co.jp

印刷・製本　中央精版印刷 株式会社

ISBN978-4-594-09996-1　C0095　Printed in Japan